KB264316

생각의 재발견

누구나 쉽게 사용할 수 있는 재미있고 실용적인 사고(思考)의 기술

발상의 재발견

니시지마 도모히로 지음

권혜미 옮김

밀라그로

사고(思考)란 공식으로 정리할 수 있다

이를테면 우리가 '라면 분식집'을 창업하려 한다고 가정해 보자.

그러나 우리가 창업하려는 골목에는 이미 라면 분식집이 많이 존재하고 있다. 어떠한 가게를 만들어야 '새로운 라면 분식집'으로 사람들의 이목을 살 수 있을까?

'라면 면발에 차별화를 둔 라면 분식집'

이것은 열 명 중에 다섯 명은 생각할 수 있는 아이디어이다. 새로운 가게라고 하기에는 다소 진부한 면이 있다. 그러면 이러한 아이디어는 어떨까?

'회원제로 운영하는 라면 분식집'

단숨에 새로운 느낌이 들 것이다. 라면 분식집의 고정관념을 깬 아이디어로 TV나 잡지 등의 취재가 몰려들지도 모른다.

사실 이 아이디어는 누구나 간단하게 사용할 수 있는 어떠한 공식을 이용한 사고법이다.

뒤에서 소개하는 '11가지 사고 공식' 중에 첫 번째 공식인 **'상식 ⇒ 비상식의 기술'** 이란 다음과 같다.

'상식을 적은 후 비상식으로 바꾸어라.'

이 기술을 '회원제 라면 분식집' 이라는 아이디어에 적용시켜서 설명해 보겠다. 라면 분식집의 상식은 다음과 같다.

- 부담이 없다
- 가격이 싸다
- 음식이 빨리 나온다

이 상식을 비상식으로 바꾸어 보자.

- 회원제
- 라면 한 개당 2만 원

● 음식이 나올 때까지 30분이 걸린다

어떠한가? 아이디어가 간단하게 나왔다.

갑자기 "생각해라.", "아이디어를 내라."고 말하면 사고가 멈추지만, 아이디어가 필요한 부분의 상식은 누구나 쉽게 적을 수가 있다. 상식을 썼다면 비상식으로 바꾸기만 하면 된다.

또 하나의 예를 들기 전에, 이 책 속에서 자주 등장하는 '주제'에 대해서 먼저 설명하도록 하겠다.

이 책에서는 **'아이디어가 필요한 부분'** 을 '주제' 라고 부른다.

'과제' 나 '문제' 라고 하면 어쩐지 어려운 느낌이 들어서 금방 포기하고 싶은 마음이 들 것이다. 그래서 이 책에서는 하나의 테마를 가지고 자신의 생각을 부담 없이 이야기하는 예능 방송처럼 과제 또는 문제를 '주제' 라고 부르겠다. 앞에서 든 예시에서는 '라면 분식집' 이 '주제' 였다.

다음 '주제' 로 나아가 보자. 이번에는 함께 생각해 보자.

주제 — '새로운 목욕탕에 대한 아이디어'

목욕탕이란 없으면 매우 아쉬운 곳이다. 하지만 우리나라는 매년 목욕탕 수가 줄어들고 있고, 그곳을 생업으로 삼고 있는 사람들은 '어떻게 해야 손님을 모을 수 있을지' 고민을 한다.

여기서 '상식 ⇒ 비상식의 기술'을 이용해서 '새로운 목욕탕에 대한 아이디어'를 사고해 보자. 우선 목욕탕의 상식을 적어 보자. 다 적었다면 그것을 비상식으로 바꾸어 보자. 사고가 끝나면 다음 페이지로 넘어가도 좋다.

내가 생각한 사고로 설명해 보겠다. 다만 내가 적은 상식과 비상식이 꼭 정답은 아니다. 어디까지나 하나의 예일 뿐이다.

목욕탕의 상식은 다음과 같다.

- 남탕과 여탕이 나누어져 있다
- 목욕료를 받는 사람이 있다
- 벽에 무명 화가의 그림이 걸려 있다
- 목욕료가 저렴하다
- 신발장에 신발을 넣는다

그럼 비상식으로 바꾸어 보겠다.

● 남녀 혼탕

● 로봇이 목욕료를 받는다

● 벽에 고흐의 '해바라기' 그림이 걸려 있다

● 목욕료가 5만 원이다

● 목욕을 하는 동안에 신발을 깨끗하게 닦아준다

이렇게 해서 새로운 목욕탕에 대한 아이디어가 태어났다. 이렇듯 뚜렷한 증거 없이, '상식 ⇒ 비상식의 기술'을 사용하는 것만으로도 몇 개의 아이디어가 간단하게 나온다는 사실을 확인할 수 있다.

사고를 재능이라고 생각하는 오해

우리는 '사고'에 대해서 어떤 이미지를 가지고 있는가?

'사고력도 재능이다.'

혹시 이렇게 생각하고 있지는 않은가. "좋은 아이디어는 나오기 힘들다. 특별한 재능을 타고난 사람만이 좋은 아이디어를 낸다."

하지만 나는 이 생각을 단호하게 부정한다. '재능 있는 사람'이 뛰어난 사고력을 발휘하는 것이 아니다.

'공식을 아는 사람'

이 사람이 뛰어난 사고력을 발휘한다. 거짓말 같은 이야기처럼 들릴지도 모르지만, 이것은 틀림없는 사실이다. 그러면 왜 많은 사람들이 '사고'를 어렵게 느끼는 것일까. 그 대답은 한 가지이다.

'공식을 모르기 때문이다.'

나는 2003년에 신입사원으로 광고 기업에 입사한 후, CM의 시나리오와 상품의 캐치프레이즈(고객의 주의를 끌기 위해 내세우는 기발한 문구)를 만들어내는 크리에이티브국 부서에서 다양한 '주제'와 마주하며 사고를 반복했다.

입사한 지 4년 만에 독립을 결정했고, 그 후 9년 동안, 즉 다 합쳐서 13년 동안 광고 크리에이티브 작업을 몰두해 왔다. 그리고 그 사이에 셀 수 없을 정도로 많은 좌절을 경험했다. "어째서 이런 시시한 사고밖에 하지 못하는 걸까." 하고 자포자기에 빠진 적도 한두 번이 아니었다.

그래도 이 일을 계속하고, 독립할 수 있었던 것도, 광고상을 많이 받을 수 있었던 것도 하나의 동기 덕분이었다.

'나만의 공식을 만들자.'

이것이 동기가 되어 보잘 것 없는 사고의 시간 속에서 참신한 아이디어의 공통된 법칙을 발견했고, 도전과 실패를 반복하면서 '11가지 사고 공식'을 만들어냈다.

아이디어가 떠오르지 않아 고민하고 있는 우리를 보고 선배나 직장 상사들은 종종 이런 말을 건네고는 한다.

"당연한 것을 의심하는 버릇을 만들어라."
"머릿속에 떠오르는 생각을 노트에 적는 습관을 가져라."
"나만의 방법론을 찾아라."
"다른 사람을 주의 깊게 관찰해라."

이러한 말은 모두 그럴싸한 조언처럼 들린다. 그러나 이 조언을 듣고 '라면 분식집에 대한 새로운 아이디어'가 떠올랐는가?

목욕탕의 당연한 이미지를 의심하면 과연 '목욕을 하는 사이에 신발을 닦아주는 서비스'가 쉽게 떠오를 수 있을까?

당연함을 의심할 수 없으니까 답답함을 느끼는 것이고, 다른 사람을 관찰해도 아이디어가 떠오르지 않으니까 그 조언에 의문이 생길 것이다.

이 그럴싸한 조언이 참고가 되지 않는 이유는 다음과 같다.

'실천할 수 없는 조언'

이를테면 "여자친구에게 프러포즈하는 방법을 모르겠다."며 친구가 상담을 할 때 **'마음속에 있는 진심을 전해라.'**는 조언보다 **'여자가 좋아하는 3가지 말을 해라.'**고 조언하는 편이 훨씬 실천적이다.

이 책은 내가 만든 '11가지 사고 공식'을 쉽게 실천할 수 있도록 도와주는 궁극의 사고 책이다. 우리가 품고 있는 '주제'를 '11가지 사고 공식'에 적용시키는 것일 뿐, 기술도 훈련도 필요 없는 사고의 기술이다.

사고(思考)의 괴로움은
공식으로 해결된다

차례

제1장

사고하기 전에 필요한 것

‘사고력이 부족하다.’

이렇게 말하는 사람이 있다. 이 사람은 정말 사고력이 부족한 것일까? 다른 질문을 해보자.

‘사고란 무엇인가?’

‘사고력이 부족하다.’고 말하는 사람들은 대부분 사고가 무엇인지 묻는 질문에 쉽게 대답하지 못한다.
“‘사고력이 부족하다.’고 말하는 사람들은 대부분 사고가 무엇인지 알지 못한다.”
우선 “상대”을 아는 것부터 시작해 보자.

이 책의 가장 중요한 핵심어는 '사고'와 '아이디어'이다. 우선 이 두 단어에 혼동이 생기지 않도록 확실하게 정의해 두자.

■ 사고'와 '아이디어'에 대해서 새롭게 정의하자

사전에서는 '사고'와 '아이디어'를 이렇게 정의한다.

● 사고 — ① 생각하고 궁리함. ② 넓은 의미로는, 사람의 지적 작용의 총칭. ③ 어떠한 사상을 일으키는 심적 과정.
● 아이디어 — 생각. 착상. 고안.

사고와 아이디어를 사전대로 정의하면 이 책의 내용을 이해하는 데에 어려움이 발생할지도 모르기 때문에 여기서는 이렇게 정의하겠다.

'사고' — 생각을 떠올리는 일련의 과정
'아이디어' — 사고의 결과

'라면 분식집'을 예로 들어 보자.

노트를 준비한다 ⇒ 라면 분식집의 '상식'을 적는다 ⇒ '상식'을 '비상식'으로 바꾼다 ⇒ 아이디어를 낸다

이 일련의 과정을 '사고'라고 한다.

'회원제 라면 분식집'

그리고 사고의 결과로 태어난 '회원제 라면 분식집'을 '아이디어'라고 부른다.

■ 아이디어에는 '진부한 아이디어'와 '참신한 아이디어'가 있다

이 책은 이미 세상에 존재하는 아이디어(과거)에다가 해석을 첨가한 것이 아니라, 새로운 아이디어를 만들어내는 공식과 실천법(미래)을 설명한다. 그렇기 때문에 '참신한 아이디어의 정의'에 대해서도 이야기해야만 한다.

아이디어라고 부르는 것에는 2가지 종류가 있다.

1. 진부한 아이디어
2. 참신한 아이디어

이 책에서는 '참신한 아이디어'를 이렇게 정의한다.

'놀라움이 있는 것'

그 아이디어를 보았을 때 깜짝 놀라는 것을 말한다. 이를테면 이러한 것이다.

'매일 신어도 더러워지지 않는 양말'
'초음파로 비를 튕겨내는 옷'

이러한 상품이 판매되면 세상이 놀랄만한 아이디어 즉 틀림없이 '참신한 아이디어'가 된다. 한편 앞에서 소개한 예시만큼이나 혁신적인 이야기는 아니지만, 이를테면 데이트를 할 때에는 '인도

스포츠 관람 데이트’, 송년회를 할 때에는 **‘아무 말도 하지 않는 침묵하는 송년회’** 를 하는 것이다.

여기에는 ‘놀라움’ 이 있다. 미지의 것과 만났을 때의 놀라움이라기보다는 미지의 것과 미지의 것이 만났을 때의 놀라움이다.

이렇듯 자신이 소속된 공동체(부서, 회사, 업계, 친구, 가족, 나라, 세계)에서 ‘놀라움’ 이 되는 것이다. 이것을 ‘참신한 아이디어’ 라고 정의한다.

'사고'와 '아이디어'에 대해서 정리했다면, 다음은 사고에 대한 오해에 대해서 이야기해 보자. 사고가 어렵다고 말하는 사람은 앞에서 이야기했듯이 두 가지 유형이 있다.

'사고가 무엇인지 모르는 사람'
'사고하는 방법은 알고 있지만, 사고가 제대로 되지 않는 사람'

후자에 속한 사람은 대부분 **'사고를 오해하고 있을'** 가능성이 높다. 당연한 것이니까 또는 선배가 그렇게 가르쳐줘서 굳게 믿고 있는 것일지도 모르지만, **'사고란 이런 것이다.'**는 전제 자체가 **틀렸기** 때문에 사고가 잘되지 않는 것이다.

사고에 대한 대표적인 오해로 다음의 4가지를 설명하겠다.

오해 1. '시간을 들이면 참신한 아이디어가 나온다.' 는 오해
오해 2. '마구잡이라도 무조건 아이디어를 내는 것이 좋다.' 는
　　　　오해
오해 3. '아이디어는 소중히 간직해야만 한다.' 는 오해
오해 4. '모두가 인정하는 아이디어를 만들어야 한다.' 는 오해

이 4가지 커다란 오해에 대해서 자세히 다루어 보자.

◈ 오해 1. '시간을 들이면 참신한 아이디어가 나온다.' 는 오해

'사고하는 시간은 길면 길수록 좋다.'

혹시 이렇게 생각하고 있지는 않은가?

물론 사고에 시간을 들이면 들일수록 좋은 아이디어가 나온다. 그러나 우리는 한 번에 여러 가지 일을 생각해야 할 때도 있다. 취업활동을 예로 들면 A 회사의 입사지원서를 작성하면서 종합적성 검사 문제집을 풀어야만 한다. 회사원이라면 A라는 프로젝트와 B 라는 프로젝트를 동시에 진행해야 할 때도 있다.

이런 상황에서 한 가지 사고에 시간을 너무 많이 할애하면, 두

가지 이상의 '주제'를 처리할 수 없게 된다. 그래서 나는 이 방법을 추천한다.

'우선은 사고 시간을 30분으로 제한해라.'

이것은 '사고의 스위치를 ON으로 한다.'는 작업이다. '주제'가 발생했을 때 아무리 바빠도 우선 30분 동안은 그 주제에 대해서 생각하는 방법이다. 10분은 너무 짧아서 깊게 생각할 수가 없고, 1시간이 넘으면 다른 작업에 방해가 될지도 모른다. '주제'가 생기면 우선 30분만 사고하자.

'무의식적으로 생각하고 있는 상태.'

그리고 30분이 지나면 이러한 상태를 만들어야 한다. 그렇게 되면 전철을 탔을 때, 목욕을 할 때, 다른 '주제'를 생각하고 있을 때 등 우연한 순간에 아이디어가 떠오를지도 모른다. 또한 생각지도 못한 곳에서 다른 '주제'와 연결되어 뜻밖에 아이디어가 떠오르기도 한다.

아이디어란 이러한 것이다.

'이미 세상에 존재하는 무언가와 무언가가 결합된 것'

그렇기 때문에 다양한 정보를 넣으면 넣을수록 참신한 아이디어가 나오기 쉬워진다.

'주제'가 발생한다 ⇒ 우선 30분 동안 생각한다 ⇒ 떠오르는 생각을 노트에 적는다(나는 노트 애플리케이션인 에버노트를 사용한다) ⇒ 마감 전날에 노트에 쓴 내용을 모은다

오늘부터 이 순서대로 사고해 보자. 일에 균형이 잡혀서 여러 가지 작업을 매우 순조롭게 처리할 수 있을 것이다.

◈ 오해 2. '마구잡이라도 무조건 아이디어를 내는 것이 좋다.'는 오해

우리는 직장 선배에게 이러한 말을 들은 경험이 있을 것이다.

"마구잡이라도 좋으니까, 무조건 아이디어를 내!"

만약 이 조언을 충실하게 실천하고 있는 사람이 있다면, 지금 당장 그만두길 바란다. 이것은 시간 낭비이다. 이를테면 우리가 음료수 상품 기획 담당자라고 가정해 보자.

'청량 음료수 판매에 대한 아이디어'

이 '주제'에 대해서 사고할 때, 마구잡이로 진행하면 어떠한 일이 일어날까.

'아이디어의 수는 많지만 모두 다 논점에서 벗어났다.'

즉 골똘히 생각한 후에 아이디어를 냈는데, 아무 생각 없이 아이디어를 낸 것과 같은 결과가 일어날 위험성이 있다는 뜻이다.

1. 지금까지 없는 청량감을 인상에 남기고 싶다.
2. 이름을 기억에 남기고 싶다.
3. 경쟁 상품에는 없는 성분을 알리고 싶다.

이 3가지는 내가 생각한 아이디어의 방향성이다. 마구잡이로 사고하는 것은 좋지만, 모든 아이디어의 방향성은 첫 번째 예시에만 있을 뿐, 두 번째와 세 번째 예시에는 방향성이 없다. 그러나 고객이 두 번째 아이디어를 요구하는 일이 생길 수 있다.
명확하게 고객이 방향성을 제시한 경우라면 곧바로 아이디어를 생각해도 좋다. 그러나 별다른 지시 없이 '청량 음료수 판매에 대한 아이디어'처럼 눈앞에 커다란 '주제'만이 놓여 있을 때에 절대 하지 말아야 하는 행동이 있다. 그것은 바로 **'생각부터 시작하는'**

일이다.

사고라는 것은, 엄밀하게 말하면 아이디어를 내는 2가지 작업을 밟아 나가야 한다.

1. 방향성을 사고한다.
2. 정해진 방향성에서 사고한다.

두 번째 작업부터 사고하기 시작하면 시간만 낭비하게 된다. 반드시 첫 번째 작업부터 시작해야 하고, 방향성이 정해진 후에 두 번째 작업으로 이동해야 한다.

나도 크리에이티브 디렉터로서 고객으로부터 상품 설명을 듣고 나면 우선 방향성을 결정하고, 부서 안에서 그 방향성을 공유한다. 때에 따라서는 고객에게 방향성만을 보고할 때도 있다.

또한 '마구잡이로 자료를 모으는 것이 좋다.'고 오해하는 사람도 많이 있다.
'주제'에 대해서 어떠한 방향성으로 접근할지 결정되지 않았는데도 자료를 모으는 행동은 어두컴컴한 바다에서 동전을 찾는 일처럼 비효율적이다.

‘우선은 승산이 있는 방향성을 찾자.’

이것이 사고에 있어서도, 자료를 모으는 일에 있어서도 가장 중요한 작업이다.

◈ 오해 3. ‘아이디어는 소중히 간직해야만 한다.’는 오해

여기서 질문 한 가지를 하겠다. 우리가 3년에 걸쳐서 진행해온 신상품 프로젝트의 이름을 결정하는 회의가 내일 열린다고 가정해 보자. 몇 개의 안건을 가지고 회의에 참석해야 할까?

‘비장의 한 건’

안건이 고작 한 건만 있지는 않을 것이다. 우리가 최선을 다해 준비해 온 프로젝트이기 때문에 이것저것 고민해서 몇십 개나 되는 이름을 가지고 회의에 참석할 것이다.

한편으로 100개, 200개나 되는 이름을 생각해 온 사람도 적지 않을 것이다. ‘양보다 질이 중요한 게 아닌가?’ 라고 생각한 사람은 다음 말을 들으면 생각이 바뀔지도 모른다.

‘아이디어의 99퍼센트는 쓸모가 없다.’

나는 아이디어의 99퍼센트는 쓸모가 없다고 생각한다. 그렇기 때문에 이를테면 캐치프레이즈 작업을 할 때에는 최소한 아이디어를 100개 이상은 내야 한다.

실제로 사고에 익숙해지면 익숙해질수록 참신한 아이디어가 나올 확률은 높아지고, 머릿속에서 취사선택도 할 수 있게 된다. 그러나 아무리 사고가 뛰어나도 이 전제를 가졌는지 갖지 않았는지에 따라서 커다란 차이가 생긴다.

'아이디어를 버리는 전제인가 버리지 않는 전제인가.'

어느 전제를 따르는지에 따라서 최종적인 아이디어의 질은 확실하게 바뀐다.

아이디어를 버리지 않는다는 전제를 따르면, 자신이 생각해낸 아이디어를 버리기가 아까워져서 객관적인 시점과 보다 좋은 아이디어를 요구하는 의식이 없어진다.

'아이디어는 당사자가 아니라 타인이 평가한다.'

우리는 이 논리에서 도망칠 수 없다. 그렇기 때문에 직접 사고를 하더라도 가능한 객관적으로 판단해야만 한다.

'아이디어는 버리는 것을 전제로 한다. 더욱더 사고하고 더욱

더 버려야 한다.'

이 말을 기억해야만 한다.

◈ 오해 4. '모두가 인정하는 아이디어를 만들어야 한다.'는 오해

"내 아이디어를 다른 사람에게 말하고 싶지 않다."고 생각하는 사람은 거의 없을 것이다. 사람은 자신의 아이디어를 가능한 많은 사람들에게 알리고 싶고 공감을 얻고 싶다는 마음에서 사고를 한다. 그러나 여기에는 커다란 함정이 숨어 있다.

'"많은 사람"에게 전하기 위해 사고된 아이디어는 아무에게도 전해지지 못한다.'

나는 사고할 때에 특정 '누군가'를 상상한다. 단 한 사람을 상상하면 보다 상세한 것까지 명확하게 사고할 수 있기 때문이다.

매우 쉬운 예를 들어보겠다.
우리가 초콜릿 회사의 광고 담당자라고 가정해 보자. 밸런타인 데이에 신문 광고를 내보내야 한다면 어떠한 캐치프레이즈를 사고할 수 있을까?

'의리 초콜릿으로 인간관계를 맺자.'

언뜻 보면 그럴싸한 카피처럼 보일지도 모른다. "의리 초콜릿을 많이 나눠주면 누구나 좋아하고 새로운 인간관계를 맺을 수 있다."는 제안형 카피로 보인다.

그러나 잘 생각해 보자. 의리 초콜릿만으로 인간관계가 형성될 수 있을까? 인간관계의 형성은 그렇게 간단하게 이루어지지 않는다. 슬픔과 기쁨 그리고 힘든 시간을 함께 보내야 인간관계를 쌓아 올릴 수 있다.

자신이 인간관계를 맺고 싶은 특정 누군가를 떠올리면서 문구를 적었다면 이러한 카피는 만들어지지 않는다. 즉 이 카피는 **'불특정 다수에게 전하려고만 했을 뿐, 누군가의 얼굴도 떠올리지 않고 만든 카피'**라고 말할 수 있다.

반대로 이렇게 적으면 어떨까.

'초콜릿을 주고 싶어서 샀지만, 전해 주지 못했다.'

언뜻 보면 소극적인 카피처럼 보일 것이다. 초콜릿의 캐치프레이즈로써는 부정적인 의견이 나올지도 모른다.

사실 이 카피는 나의 대학 친구의 이야기이다. 몇 사람에게 이 이야기를 했더니 "그 기분 잘 알지." 하고 모두들 공감해 주었다.

즉 이 이야기는 '한 사람에게 전하려는 이야기이지만, 결과적으로 많은 여성들의 공감을 얻은 카피'라고 말할 수 있다.

"'불특정 다수'를 떠올리고 사고한 아이디어보다 '특정 누군가'를 떠올리고 사고한 아이디어가 결과적으로 '많은 사람'의 공감을 얻을 수 있다.'

또 하나 다른 예를 들어 보자. 내가 아직 광고 회사에 다니던 시절, 한 신문사에서 '노인의 날'에 쓸 개발 광고 카피를 의뢰했었다.

'할머니는 언제나 나보다 오래 손을 흔들고 있었다.'

이 카피는 이미 돌아가신 내 외할머니를 상상하면서 쓴 문구이다.

네 외가는 남쪽 지방의 작은 마을에 있어서 초등학교 여름방학 때에는 외할머니네 집에서 한 달 정도 지내고는 했었다.

그리고 여름방학이 끝나는 8월 말이 되면 외할아버지나 삼촌이 나를 정류장까지 배웅해 주었는데, 외할머니는 차에 탄 우리가 보이지 않을 때까지(아마 보이지 않고서도) 손을 흔들어주었다. 그 모습이 눈에 선명하게 남아서 지워지지가 않는다. '노인의 날'을 주제로 한 작업이 들어왔을 때, 외할머니의 모습과 '주제'가 연결되어서 이 카피를 만들어냈다.

이 카피는 앞에서 들은 예시와 똑같이 나라는 한 사람이 경험한 사실에 기반을 둔 내용이다. 그러나 이 카피가 세상에 나오자 많은 사람들에게서 "우리 할머니를 생각하며 눈물을 흘렸다.", "이 카피를 읽고 오랜만에 할머니를 만나러 갔다."는 말을 들었다.

즉 단 한 사람을 생각하고 만든 카피가 많은 사람들의 공감을 얻었다는 이야기이다.

"모두 다 그럴 거야."라는 시점에서 카피를 썼다면 이러한 경험은 불가능했을 것이다.

아이디어는 결과적으로 '모두'에게 전해져야만 한다. 그러나 사고하는 과정에서는 '불특정 다수'가 아니라 단 한 사람의 '누군가'를 상상하면서 사고해야 한다.

'모두'에게 전해지는
아이디어일수록,
한 사람의 얼굴을 떠올리고
사고(思考)해야 한다

제2장

눈 깜짝할 사이에 사고할 수 있는 '11가지 사고 공식'

사람은 매일 다양한 상황 속에서 아이디어와 마주하며 살아
간다.
상품 판매를 위한 아이디어, 취업을 위한 아이디어, 좋아하는
이성과 특별한 데이트를 즐기기 위한 아이디어, 뜻 깊은 송별
회를 보내기 위한 아이디어 등 아이디어를 필요로 하지 않는
날이 없을 정도로 우리는 사고와 갈등하는 나날을 보내고 있
다.

이 장에서는 비즈니스, 취업, 연애 등 모든 상황에서 사용할
수 있는 '11가지 사고 공식'을 소개하겠다.
아이디어가 필요할 때 '주제'에 이 공식을 적용시켜 보자. 놀
라울 정도로 참신한 아이디어가 나올 것이다. 그리고 사고가
어렵게 느껴졌던 생각은 완전히 바뀔 것이다.

1. 상식 ⇒ 비상식의 기술

'주제'의 상식을 적고, 비상식으로 바꾼 후 '주제'에 붙여라

2. 반의어 붙이기 기술

'주제'와 정반대의 물건, 내용, 사람을 적은 후 '주제'에 붙여라

3. 부속품 붙이기 기술

'주제'와 밀접한 부속품을 적은 후 '주제'에 붙여라

4. 한정의 기술

'주제'를 지역, 대상자, 인원수, 상황, 시기 등으로 한정해라

5. 순서 바꾸기 기술

'주제'의 모든 순서를 나열한 후 순서를 바꿔라

6. 역지사지의 기술

다른 사람의 입장에서 '주제'에 접근해라

7. 뚜렷한 동기 기술

'주제'와 동물, 어린아이, 여고생, 섹시, 공포, 프러포즈, 결혼식을 연결해라

8. 세계기록 기술

'주제'에 세계기록 용어를 붙여라

9. 키워드 접목 기술

유행하고 있는 키워드에 '주제'를 접목시켜라

10. 유명 문구 이용 기술

누구나 알고 있는 유명한 문구를 '주제'에 적용시켜라

11. 4대 욕구 채우기 기술

'주제'를 식욕, 수면욕, 성욕, 인정욕과 연결해라

우선 '11가지 사고 공식' 중 가장 첫 번째 공식을 소개하겠다. 첫 번째 공식은 앞부분에서도 다루었던 사고 기술인 '상식 ⇒ 비상식의 기술' 이다. 이 책의 도입부분을 읽은 사람이라면 이 기술을 기억하고 있을 것이다.

'주제' 의 상식을 적는다 ⇒ 비상식으로 바꾼다 ⇒ '주제' 에 붙인다

갑자기 '생각해라.', '아이디어를 내라.' 고 하면 사고가 멈추지만, '주제' 의 '상식을 적는 일' 은 누구나 할 수 있는 간단한 방법이다. 상식을 다 적었다면 그것을 비상식으로 바꾸기만 하면 된다. 앞에서도 연습했듯이 '라면 분식집' 에 대해서 사고할 때에는 라면 분식집의 상식을 적으면 된다.

- 부담이 없다
- 가격이 싸다
- 음식이 빨리 나온다

이 상식을 비상식으로 바꾸면 다음과 같다.

- **회원제**
- **라면 한 개당 2만 원**
- **음식이 나올 때까지 30분이 걸린다**

또한 '목욕탕의 새로운 콘셉트' 가 주제라면 목욕탕의 상식을 적으면 된다.

- 남탕과 여탕이 나누어져 있다
- 목욕료를 받는 사람이 있다
- 벽에 무명 화가의 그림이 걸려 있다
- 목욕료가 저렴하다
- 신발장에 신발을 넣는다

그다음 비상식으로 바꾸어 보자.

- 남녀 혼탕
- 로봇이 목욕료를 받는다
- 벽에 고흐의 '해바라기' 그림이 걸려 있다
- 목욕료가 5만 원이다
- 목욕을 하는 동안에 신발을 깨끗하게 닦아준다

이처럼 '상식 ⇒ 비상식의 기술'은 매우 간단한 공식이다.

사실은 세상에 있는 뛰어난 아이디어 중에도, 이 공식을 사용하면 어렵지 않게 만들 수 있는 것이 있다. 그 예를 몇 가지 소개하겠다.

'어른들이 먹는 과자'

지금은 많은 회사에서 이 콘셉트의 과자를 판매하고 있다. 이것도 '상식 ⇒ 비상식의 기술'에서 태어난 아이디어라고 말할 수 있다. 그럼 '어른들이 먹는 과자'의 사고 과정을 설명하겠다.

주제 — '지금까지 없던 과자에 대한 참신한 아이디어'

'주제'는 아마 이러한 것이었을 것이다. 이 '주제'에 '상식 ⇒ 비상식의 기술'을 적용시켜 보자.

'"주제"의 상식을 적은 후, 비상식으로 바꾸자.'

우선 '과자의 상식' 을 적어 보자.

● 아이들이 먹는 것
● 가격이 저렴하다
● 슈퍼마켓에서 파는 것

이것을 비상식으로 바꾸어 보자.

● **어른들이 먹는 과자**
● **가격이 10만 원인 과자**
● **명품관에서 판매하는 과자**

어떠한가. '어른들이 먹는 과자' 라는 아이디어가 간단하게 나왔다. '아이들이 먹는 것' 이라는 고정관념에 사로잡혀 있으면 좀처럼 생각하기 어려운 아이디어이지만, '상식 ⇒ 비상식의 기술' 을 사용하면 간단하게 사고할 수 있다는 사실을 보여주는 예시이다.

다음은 최근 한창 인기가 있는 이 아이디어로 시험해 보겠다.

'서서 먹는 프렌치 레스토랑'

이전에는 프렌치 레스토랑이라고 하면 잘 차려입은 정장과 엄격한 예의 그리고 우아한 말투가 떠올랐다. 그러나 요즘은 간단하게 일어서서 푸아그라나 달팽이요리를 즐기는 캐주얼 프렌치 레스토랑이 늘어나는 추세이다.

이것도 '상식 ⇒ 비상식의 기술'을 사용하면 쉽게 생각해낼 수 있는 아이디어이다.

● 주제
'완전히 새로운 프렌치 레스토랑의 모습을 생각해라.'

우선 이전부터 이어져 온 프렌치 레스토랑의 상식을 적어 보자.

- 고풍스러운 의자와 식탁
- 가격이 비싸다
- 포크와 나이프의 수가 많다
- 정장을 입어야 한다

그리고 비상식으로 바꾸어 보자.

- 서서 먹는다
- 음식 한 개당 1천 원
- 이쑤시개로 음식을 먹는다
- 수영복을 입는다

프렌치 레스토랑의 참신한 아이디어가 태어났다. 음식 한 개당 1천 원이거나 수영장에서 먹는 프렌치 레스토랑은 내가 알고 있는 한 아직 존재하지 않는다. 그렇기 때문에 만약 프렌치 레스토랑을 창업하고 싶은 사람이 있다면 이 아이디어를 참고해도 좋을 것이다.

이렇듯 이미 세상에 존재하는 아이디어와 극찬 받고 있는 아이디어도 '상식 ⇒ 비상식의 기술'을 사용하면 어렵지 않게 사고할 수 있다.

상식 ⇒ 비상식의 기술

❶ '주제' 의 상식을 적는다

〈부담이 없다〉

〈가격이 싸다〉

〈음식이 빨리 나온다〉

❷ 비상식으로 바꾼다

〈회원제〉

〈라면 1개당 2만 원〉

〈음식이 나올 때까지 30분이 걸린다〉

❸ '주제' 에 붙인다

〈회원제 '라면 분식집'〉

〈라면 1개당 2만 원인 '라면 분식집'〉

〈음식이 나올 때까지 30분이 걸리는 '라면 분식집'〉

반의어 붙이기 기술

'주제'와 정반대의 물건, 내용, 사람을 적은 후 '주제'에 붙여라

여기서 질문 하나를 하겠다. '불량 청소년'과 대립되는 존재가 누구인지 알고 있는가?

물론 라이벌 불량배의 우두머리가 가장 대립되는 존재라고 말할 수 있지만, 조금 시점을 달리하면 다음과 같은 존재도 대립되는 라이벌이 될 수 있다.

- 경찰
- 선도부장
- 귀여운 어린아이

이는 불량 청소년과 결코 어울릴 수 없는 정반대의 존재이다. 이를테면 우리가 이런 장면을 목격했다고 가정해 보자.

'불량 청소년과 경찰이 어깨동무를 하고 걸어가고 있다.'

눈이 번쩍 뜨이지 않는가? 한동안은 이 문장에서 눈을 떼지 못할 것이다. 왜 그럴까? 이 문장에는 '놀라움'이 있기 때문이다. 결코 어울릴 수 없는 정반대의 존재가 어깨동무를 하고 있는 장면에서 우리는 '신선함'을 느꼈을 것이다.

아이디어 서적으로 상당히 유명한 제임스 웹 영의 저서에는 이런 말이 쓰여 있다.

"모든 아이디어는 기존에 있는 요소를 새로 조합한 것이다."

즉 모든 아이디어는 '이미 알고 있는 물건, 내용, 사람'을 '새로 조합'한 것에 지나지 않는다는 의미이다.

처음 이 말을 들었을 때 나는 "아이디어란 의외로 단순한 법칙에 의해서 생기는 거구나." 하고 감탄했었다. 그리고 동시에 이 사실을 깨달았다.

"모든 아이디어가 이미 존재하고 있는 요소로 만들어지는 것이라면 '절대 만나지 않을 것 같은 요소'를 조합하면 더욱더 참신한 아이디어가 되지 않을까?"

‘절대 만나지 않을 것 같은 요소’를 찾은 후 그것을 조합하면, 천재적인 번뜩임도 예술적인 재능도 필요 없이 그것만으로도 참신한 아이디어를 만들어낼 수 있다. 나는 이렇게 생각했다. 그리고 동시에 이 사실도 깨달았다.

“정반대에 있는 것을 조합하면 ‘참신한 아이디어’를 만들 수 있다.”

일반적으로 절대 어울릴 수 없는 정반대의 요소를 의도적으로 조합해서 참신한 아이디어를 만든다. 그것이 ‘11가지 사고 공식’ 중 2번째 공식인 ‘반의어 붙이기 기술’이다.

‘주제’ 그것과 정반대의 물건, 내용, 사람을 적어라 ⇒ ‘주제’에 붙여라

이것만 하면 된다. 이를테면 우리말에는 ‘견원지간’이라는 말이 있다. 이것은 ‘결코 어울릴 수 없는 정반대의 사이’를 나타내는 말이다.

주제 — ‘동물을 사용한 CM의 아이디어’

이러한 ‘주제’가 있다고 하자. ‘반의어 붙이기 기술’을 사용해서 생각하면 '정반대의 동물' 을 찾게 되고, 곧바로 개와 원숭이가 떠오르게 된다.

'개와 원숭이가 화해하는 CM'

이렇게 조합하는 것만으로도 매우 흥미로운 CM 아이디어가 나온다.

그럼 다른 '주제' 로 같이 넘어가 보자.

주제 — '하와이 여행의 참신한 아이디어'

'주제' 와 정반대되는 물건, 내용, 사람을 적은 후 조합해 보자.

● **주제**
'하와이 여행의 참신한 아이디어'

나는 이렇게 사고했다. 하와이와 정반대되는 곳으로 떠오르는 것이 있다.

그것은 '시베리아' 이다. 그러면 '주제' 에 '시베리아' 를 조합해 보자.

'시베리아 사람이 생각하는 하와이 여행'

시베리아는 세계에서도 역대 최저기온 1위인 −48℃를 기록하는 곳으로, 1년 내내 따뜻한 하와이와 정반대되는 곳이다. 세계에서 가장 추운 나라에 사는 사람이 세계에서 가장 더운 나라의 매력을 말한다면 '놀라움'이 있는 아이디어가 태어날 것이다.

물론 시베리아 이외의 것을 반의어로 생각할 수도 있다.
지역적으로 정반대되는 곳을 생각할 수도 있고, 하와이의 정의를 '서핑의 나라'라고 생각하면 하와이에서 유행하는 서핑 장소와 라이벌이 되는 곳을 생각할 수도 있다.
어떠한 반의어를 생각하느냐에 따라서 '나만의 아이디어'가 탄생한다. 사고에 제한을 만들지 말고, 반대어라고 생각되는 것을 적은 후 '주제'에 붙여 보자.

반의어 붙이기 기술

❶ '주제' 와 반대되는 물건, 내용, 사람을 적는다

〈시베리아〉

❷ 주제에 붙인다

〈시베리아 사람이 말하는 '하와이 여행'〉

우리의 생활에 없어서는 안 되는 것, 또는 너무 일반적이어서 아이디어라고 깨닫지 못하는 것은 주변에 많이 있다.

- 지우개가 달린 연필
- 세탁 건조기
- 포크 스푼

이것에는 모두 하나의 공통된 법칙이 있다.

그렇다. 따로따로 사용되는 두 개의 물건이 '밀접' 한 관계가 있다는 이유로, 하나로 연결되어 만들어진 상품들이다. 이렇듯 " '주제' 와 밀접한 부속품을 접목해라."는 것이 '11가지 사고 공식' 중 3번째 공식인 '부속품 붙이기 기술' 이다. 방법은 이러하다.

'주제'와 밀접한 부속품을 적는다 ⇒ '주제'에 붙인다

다른 '주제'로 넘어가서 같이 생각해 보자.

주제 — '맥주 판매에 대한 참신한 아이디어'

맥주와 밀접한 부속품을 적은 후 '주제'에 붙여 보자.

● **주제**
'맥주 판매에 대한 참신한 아이디어'

맥주를 좋아하고, 맥주에 관심이 많은 나는 이러한 부속품을 적었다.

- 땅콩 과자
- 삶은 콩
- "건배!"라고 외치는 소리

맥주와 밀접한 부속품은 확실히 많이 있다. 그럼 이것을 맥주에

붙여 보자.

- '땅콩 과자가 있는 맥주'
- '삶은 콩 맛이 나는 맥주'
- '건배 전용 맥주잔'

'땅콩 과자가 있는 맥주' 어떠한가. 지금이라도 작업을 중단하고 한잔 하고 싶은 충동이 드는 아이디어이다. 맥주와 땅콩 과자를 접목시키는 아이디어는 쉽게 떠오르지 않지만, '부속품 붙이기 기술' 을 사용해서 사고하면 간단하게 만들어지는 아이디어이다.

'삶은 콩 맛이 나는 맥주' 도 버리기 힘든 아이디어이다. 맛을 조절하는 것은 어렵겠지만 일석이조의 맥주로써 단숨에 인기를 얻을 수 있다.

'건배 전용 맥주잔' 은 상황을 제한한 아이디어이다. 일반 맥주잔보다 건배했을 때에 거품이 더 많이 나오는 맥주잔이거나, 건배할 때마다 소리가 다르게 나오는 맥주잔 등 보다 다양하게 연출하면 히트가 기대되는 상품이 된다.

부속품 붙이기 기술

❶ '주제' 와 밀접한 부속품을 적는다

〈땅콩 과자〉

〈삶은 콩〉

〈"건배!" 라고 외치는 소리〉

❷ 주제에 붙인다

〈땅콩 과자가 있는 맥주〉

〈삶은 콩 맛이 나는 맥주〉

〈건배 전용 맥주잔〉

한정의 기술

'주제' 를 지역, 대상자, 인원수, 상황, 시기 등으로 한정해라

'한정' 도 '참신한 아이디어' 를 만드는 공식이 된다.

아래에서 말하는 히트 상품은 '한정' 을 이용해서 세상에 '놀라움' 을 준 아이디어 성공 사례이다.

- 지방 캐릭터
- 수험생 할인
- 1인 레스토랑
- 아침 전용 도시락

'지방 캐릭터' 는 지역을 한정한 것이고, '수험생 할인' 은 대상자를 한정한 것이고, '1인 레스토랑' 은 인원수를 한정한 것이고, '아침 전용 도시락' 은 상황을 한정한 것이다.

‘11가지 사고 공식’ 중 4번째 공식인 ‘한정의 기술’은 이렇듯 무언가를 한정해서 ‘프리미엄’과 ‘놀라움’을 주는 아이디어이다. 방법은 이러하다

‘“주제”를 다음의 무언가로 한정한다.’

- 지역
- 대상자
- 인원수
- 상황
- 시기

이것뿐이다. 이를테면 우리가 회사를 그만두고 술집을 창업하려 한다고 가정해 보자. 어떠한 아이디어를 내야 손님을 모을 수 있을까?

주제 — ‘술집에 대한 참신한 아이디어’

- 맥주 무제한 술집
- 전 품목 3천원 균일제 술집

이러한 아이디어는 이미 세상에 많이 존재하고 있다. 라이벌 술

집이면 몰라도 새롭게 문을 여는 우리의 가게에 굳이 이 아이디어를 가지고 올 이유는 없다. 그러나 '한정의 기술'을 사용하면 이러한 아이디어가 나온다.

지역을 한정한다 → '아마존 강에서 공수해 온 식재료만을 사용하는 술집'

대상자를 한정한다 → '광고인만 올 수 있는 술집'

시기를 한정한다 → '한 달에 하루만 영업하는 술집'

단숨에 '놀라움'이 있는 술집으로 바뀌었다. 아마존 강에서 공수해 온 식재료만을 사용하는 술집은 "무서운 생선이 있다."며 가보고 싶어질 테고, 광고인만 올 수 있는 술집은 광고업계 사람들에게 최적의 정보 교환 장소가 될 것이다.

한 달에 하루만 영업하는 술집은 이미 프랑스에 많이 존재하는 술집이지만 우리나라에는 거의 없다. 이러한 술집도 우리나라에 들어오면 꽤 높은 평가를 받을 수 있을 것이다. 홍보만 잘하면 '예약을 해야만 갈 수 있는 술집'으로 각종 미디어에 소개될 가능성도 있다.

다음은 다른 '주제'로 사고해 보자.

주제 — '친환경 가방에 대한 참신한 아이디어'

지역, 대상자, 인원수, 상황, 시기 등으로 한정해 보자.

나는 지역, 대상자, 시기로 이렇게 한정했다.

지역을 한정한다 → '밀라노 형무소에서 만든 친환경 가방'
대상자를 한정한다 → '임산부 전용 친환경 가방'
상황을 한정한다 → '밤에만 사용하는 친환경 가방'

이것들은 전부 '놀라움'이 있는 친환경 가방에 대한 참신한 아이디어이다.

화제성과 디자인을 두루 갖춘 '밀라노 형무소에서 만든 친환경 가방'은 젊은 사람들에게 어울리는 아이디어이고, '임산부 전용 친환경 가방'은 가벼운 재질에, 몸 상태가 좋지 않을 때에는 의자로 변하는 등 기능성에 충실하면 충분히 인기를 끌 수 있는 아이디어이다.

'밤에만 사용하는 친환경 가방'은 밤에 빛을 내는 발광 재료를 사용하면 불행한 사고를 줄이는 효과까지 기대할 수 있다.

한편 '지역을 한정한다.'에 대해서는 '생산지'와 '소비(사용)지' 두 가지 유형을 생각할 수 있다.

물론 두 가지 유형을 모두 다 사고하면 보다 좋은 선택지가 나올 것이다.

한정의 기술

> Q : 술집에 대한 참신한 아이디어

❶ '주제'를 무언가(지역, 대상자, 인원수, 상황, 시기)로 한정한다

〈지역〉
〈대상자〉
〈시기〉

〈아마존 강에서 공수해 온 식재료만을 사용하는 술집〉
〈광고인만 올 수 있는 술집〉
〈한 달에 하루만 영업하는 술집〉

순서 바꾸기 기술

'주제'의 모든 순서를 나열한 후
순서를 바꿔라

일본에는 후루하타 닌자부로라는 인기 형사 드라마가 있다. 이 드라마에는 지금까지 방영된 형사 드라마와 확실한 차이점이 있다.

'처음부터 범인을 알려준다.'

지금까지의 형사 드라마는 이것이 일반적인 상식이었다.

- 살인사건이 일어난다(범인이 누군지 모른다)
- 형사가 증거를 발견하고 추리하면서 범인을 찾아낸다
- 범인과 범행 수법을 알려준다
- 범인이 범행을 인정한다

그러나 후루하타 닌자부로는 범인과 범행을 미리 보여준 후에 시청자에게 "범인이 누구일까?"가 아니라 "형사가 어떻게 범인을 잡을까?"라는 형식으로 이야기를 전개시킨다.

미국의 인기 드라마인 형사 콜롬보에서 이미 다룬 적이 있는 역순 방법이지만, 우리나라에서는 한 번도 다룬 적이 없는 형사 드라마라는 점에서 시청자들은 '놀라움'을 느꼈다. 후루하타 닌자부로의 아이디어는 '11가지 사고 공식' 중 5번째 공식인 '순서 바꾸기 기술'로 사고되어졌다는 사실을 알 수 있다.

'주제'의 모든 순서를 나열한다 ⇒ 순서를 바꾼다

이 공식을 후루하타 닌자부로에 적용시켜 보자. 우선 일반 형사 드라마의 모든 순서를 나열해 보자.

1. 살인사건이 일어난다
2. 형사가 증거를 발견하고 추리하면서 범인을 찾아낸다
3. 범인과 범행 수법을 알려준다
4. 범인이 범행을 인정한다

후루하타 닌자부로의 순서는 이러하다.

3. 범인과 범행 수법을 알려준다(살인사건을 포함한다)

2. 형사가 증거를 발견하고 추리하면서 범인을 찾아낸다
4. 범인이 범행을 인정한다

3번째 순서가 가장 먼저 나오는 것을 알 수 있다. 형사 드라마의 모든 순서가 뒤바뀐 것이다. 이 순서로 인해 시청자들은 '놀라움' 을 느꼈고 '참신한 형사 드라마' 라는 인식이 히트로 이어졌다,
그럼 다른 '주제' 를 가지고 같이 생각해 보자.

주제 — '프랑스 레스토랑의 참신한 아이디어'

우선 프랑스 요리의 모든 순서를 나열해 보자. 다음에 그 순서를 바꾸고 사고해 보자.

● 주제
'프랑스 레스토랑의 참신한 아이디어'

프랑스 레스토랑의 모든 순서는 이러하다.

1. 오르되브르

2. 수프

3. 생선요리

4. 앙트레

5. 육류요리

6. 디저트

이 순서를 바꾸어 보자.

'디저트부터 시작하는 프랑스 요리'

'놀라움' 이 있는 프랑스 레스토랑이 되었다. 디저트로 레드와인을 먼저 마신 후에 식전주인 스파클링 와인을 마시는 레스토랑이다. 미식가를 중심으로 인기가 높은 잡지나 TV에서 이 레스토랑을 앞 다투어 다루는 장면을 상상할 수 있다.

또한 '술' 의 순서로 사고하는 방법도 있다.

1. 식전주

2. 화이트 와인

3. 레드 와인

4. 커피

5. 식후주

이 순서를 바꾸어 보자.

'브랜디부터 시작하는 프랑스 요리'

프랑스 요리를 즐겨먹는 사람이라면 코냑이나 아르마냐크를 마
실 수도 있다. 조금 더 '놀라움' 을 겨냥해서 이탈리아 식후주인 그
라파부터 시작해도 재미있을 것이다. 분명히 화제가 되는 레스토
랑이 될 것이다.

순서 바꾸기 기술

❶ '주제' 의 모든 순서를 나열한다

〈오르되브르〉

〈수프〉

〈생선요리〉

〈앙트레〉

〈육류요리〉

〈디저트〉

❷ 순서를 바꾼다

〈디저트〉

〈오르되브르〉

〈수프〉

〈생선요리〉

〈앙트레〉

〈육류요리〉

〈디저트〉

역지사지의 기술
다른 사람의 입장에서
'주제'에 접근해라

우리에게 아버지란 어떠한 존재인가?

"잔소리를 많이 하는 사람."이라고 대답하는 사람도 있고, "친구 같은 사람."이라고 대답하는 사람도 있을 것이다. "신 같은 존재."라고 대답하는 사람이 있을지도 모른다.

한편 나 이외의 다른 가족에게 아버지는 어떠한 존재일까?

어머니에게는 — '첫사랑'
누나에게는 — '갖고 싶은 걸 다 사주는 사람'
애완견에게는 — '산책을 시켜주는 사람'

아버지라는 한 사람의 존재에 대해서도 사람들마다 생각하는 방식은 전부 다 다르다. 이 다양한 '생각의 차이'를 이용한 것이 '11

가지 사고 공식' 중 6번째 공식인 '역지사지의 기술'이다.

이 기술은 하나의 '주제'에 대해서 의도적으로 다른 사람에게 빙의한 후에 다양한 시점으로 사고하는 것을 말한다. 방법은 이러하다.

다른 사람으로 빙의한다 ⇒ '주제'에 접목시킨다

처음에는 가족이나 친구 그리고 직장 동료로 빙의하는 편이 좋다. 이 사람에게 '주제'를 건네면 어떻게 말할지, 어떻게 생각할지 예상해 보는 방법이다.

이를테면 이러한 '주제'가 있다고 가정해 보자.

주제 — '은퇴하는 부장을 위한 송별회 아이디어'

다른 사람에게 빙의되지 않고 생각하면 이러한 대답이 나온다.

- 다 같이 술을 마신다
- 추억을 담은 영상을 만들어서 메시지를 보낸다
- 부장에게 감사의 인사를 전한다

전부 숙연해지는 아이디어뿐이다. 송별회는 '헤어짐'이기 때문에 어쩔 수 없다고 생각할지도 모른다. 그러나 '역지사지의 기술'

을 사용해서 부장에게 빙의한 후에 사고하면 이러한 아이디어가
나온다.

‘은퇴 후에도 부장과 함께 하고 싶다는 마음을 선물하는 송별회’

퇴직한 부장이 ‘회사 사람들과 두 번 다시 만나고 싶지 않다.’ 고
생각하면 이야기가 달라지지만, 성대한 송별회를 열 정도로 인망
이 두터운 부장이라면 분명히 **‘여러분과 다시 만나고 싶다.’** 고 생
각한다. 그래서 ‘부장과의 관계 시즌2’ 라는 형식으로 ‘퇴직 후에
도 부장과 함께 하고 싶다는 마음을 담은 선물’ 을 건네는 송별회
를 여는 것이다. 이렇게 되면 부장에게 있어서도 모든 사람이 눈물
을 흘리는 것보다 훨씬 기쁘고 ‘놀라움’ 이 있는 송별회가 될 것이
다.

이처럼 ‘역지사지의 기술’ 은 의도적으로 다른 사람에게 빙의하
고 사고하면서 ‘놀라움’ 이 있는 아이디어를 만들어내는 기술이다.
사고가 익숙해지면 빙의하는 대상은 점점 많아질 것이다.

- **이야기를 나눈 적이 없는 동창**
- **좋아하는 연예인**
- **할리우드 여배우**
- **드라마나 애니메이션 주인공**

- 유명인사
- 우주인
- 휴대전화

조금이라도 알고 있는 사람, 전혀 알지 못하는 사람, 연예인, 외국인, 가공의 인물, 우주인, 물건 등 조금씩 자신과 멀어지면 멀어질수록 보다 '놀라움'이 있는 아이디어가 태어난다.

그러면 또 다른 '주제'로 다 같이 생각해 보자.

주제 — '전혀 새로운 버스 여행의 아이디어'

시험 삼아 드라마 주인공으로 빙의해서 사고해 보면 어떨까. 드라마 주인공에게 빙의해서 참신한 버스 여행을 사고해 보자.

● **주제**

'전혀 새로운 버스 여행의 아이디어'

앞에서 소개한 후루하타 닌자부로 드라마의 주인공으로 빙의해서 사고하면 이런 아이디어가 나온다.

'후루하타 닌자부로의 촬영지를 순회하는 버스 여행'

당장 휴가를 내서라도 떠나고 싶은 버스 여행 아디이어가 탄생했다. 드라마 명장면에 나오는 회의실에서 점심을 먹고, 드라마 주인공이 검도를 한 도장에서 검도 체험을 하고, 주인공 아내가 아르바이트를 한 카페에서 차를 마시는 여행이다. 마지막에는 다 같이 드라마의 명대사를 외친 후 돌아간다. 최근 있었던 스트레스도 날려버리는 일석이조의 여행이 될 것이다.

또한 특정 드라마가 아니라 다수의 드라마를 합치면 더욱더 재미있는 아이디어가 나올 것이다.

'드라마 키스신 촬영지를 순회하는 버스 여행'

10대, 20대, 30대, 40대가 보는 드라마는 다르기 때문에 연령별로 버스 여행의 코스를 계획하면 좋을 것이다.

역지사지의 기술

Q : 퇴직하는 부장을 위한 송별회 아이디어

❶ 다른 사람에게 빙의한다

〈부장〉

❷ '주제' 에 접목시킨다

〈은퇴한 후에도 부장과 함께 하고 싶다는 마음을 선물한다〉

뚜렷한 동기 기술
'주제' 와 동물, 어린아이, 여고생, 섹시, 공포, 프러포즈, 결혼식을 연결해라

나는 크리에이티브 디렉터와 바이럴 미디어 편집장이라는 두 가지 일을 겸하고 있지만, 이 두 가지 일에는 공통된 과제가 있다.

'인터넷에서 얼마나 화제가 될까?'

광고로 말하면 "기업에게 만들어준 CM이 인터넷에서 얼마나 화제가 될까?"이고, 바이럴 미디어로 말하면 "어떠한 기사를 써야 화제가 될까"이다. 그리고 나는 이 두 가지 일을 하면서 느낀 점이 있다.

"100퍼센트 정답은 없다."

한 번 인터넷에서 화제가 된 경험을 바탕으로 같은 요일, 같은 시간대에 비슷한 논평을 인터넷에 공개한 적이 있었다. 그러나 예상 외로 이전과 전혀 다른 반응이 나왔었다. 인터넷에서 화제성을 인정받기란 매우 어렵다는 것을 그때 절실히 실감했다.

한편으로 광고 크리에이티브로서 13년, 바이럴 미디어 편집장으로서 1년 동안 해온 경험을 통해 얻은 것도 있다. 100퍼센트 정답은 없지만, 화제성을 높이는 방법론이 존재한다는 사실이다. 그것이 '11가지 사고 공식' 중 7번째 공식인 '뚜렷한 동기 기술'이다.

뚜렷한 동기에는 다음의 7가지가 있다.

1. 동물
2. 어린아이
3. 여고생
4. 섹시
5. 공포
6. 프러포즈
7. 결혼식

요즘 인터넷에서 화제가 되고 있는 대부분의 만화와 기사에는 이 뚜렷한 동기 기술을 사용한 현상이 많이 보인다. 즉 뚜렷한 동기에 '주제'를 접목시키는 이 기술이 인터넷상에서 '놀라움'을 낳는 공식이 되고 있다는 의미이다. 이 기술의 방식은 이러하다.

'주제'와 뚜렷한 동기를 연결한다 ⇒ 의미가 통하도록 정리한다

이를테면 이런 '주제'가 있다고 하자.

주제 — '지금까지 없던 아이스크림에 대한 아이디어'

뚜렷한 동기 중의 하나인 '여고생'을 사용하면 이러한 아이디어가 나온다.

'연령 확인이 필요한 여고생 전용 아이스크림'

어떠한가. 새콤달콤한 맛이 연상되지 않은가. 30대 남성인 나에게는 이 아이스크림을 팔지 않겠지만, 그래도 아주 마음에 드는 아이디어가 탄생했다. 확실히 화제성이 있는 아이디어이다. 또한 다른 뚜렷한 동기인 '섹시'를 사용하면 이러한 아이디어가 나온다.

'19금 아이스크림'

더욱더 마음에 드는 아이디어가 탄생했다. "안 돼."라고 말하면 더 가지고 싶어지는 것이 사람의 욕망이기 때문에 "19금 아이스크림 어디서 파는지 알아?", "정말 먹고 싶다."는 의견과 함께 SNS에서 화제가 될 것이다.

또 하나 다른 '주제'로 같이 사고해 보자.

● 주제
'천 원 마트에 대한 참신한 아이디어'

나는 뚜렷한 동기 중에서 '프러포즈'를 사용해 보겠다. 동기는 각자 생각하기 쉬운 것을 고르면 된다.
이러한 아이디어는 어떨까.

'프러포즈 용품만 판매하는 천 원 마트'

케이크 속에 넣을 반지 케이스, 이벤트 용품 등을 판매하는 가게이다. 인터넷 쇼핑몰을 같이 운영하면 틈새시장을 공략하면서 확실히 수요가 높은 가게가 될 것이다. 또한 '결혼식'이라는 뚜렷한 동기를 사용하면 이러한 아이디어를 사고할 수 있다.

'결혼식 용품만 판매하는 만 원 마트'

프러포즈와 결혼식은 소비 품목이 밀접하기 때문에 프러포즈 용품을 같이 판매하면 좋을 것이다.

세상에는 일어나지 않을 것 같은 아이디어가 아직 많이 존재하고 있다. 그렇기 때문에 뚜렷한 동기를 사용하면 사고를 점점 넓힐 수 있다.

뚜렷한 동기 기술

❶ '주제' 와 뚜렷한 동기를 연결한다

〈여고생〉

〈섹시〉

❷ 의미가 통하도록 정리한다

〈여고생 전용 아이스크림〉

〈19금 아이스크림〉

세계기록 기술
'주제' 에 세계기록 용어를 붙여라

'극단적으로 부정해라.'

이것은 사고하는 데에 유용한 방법 중의 하나이다.

'11가지 사고 공식' 중 첫 번째 공식인 '상식 ⇒ 비상식의 기술'에서는 상식을 있을 수 없는 비상식으로, '역지사지의 기술'에서는 물건이나 우주인으로 빙의, '한정의 기술'에서는 수험생 할인 및 1인 레스토랑 등 보다 한정적으로 사고하면 생각지도 않은 '놀라움'을 만날 수 있다고 말했다.

이렇듯 '사고를 부정하는' 가장 간단한 방법이 '11가지 사고 공식' 중 8번째 공식인 '세계기록 기술' 이다.

'주제'에 세계기록 용어를 붙여라 ⇒ 의미가 통하도록 정리해라

'세계기록 기술'의 방법을 조금 더 간략하게 설명하겠다.

- 세계에서 가장 큰
- 세계에서 가장 작은
- 세계에서 가장 긴
- 세계에서 가장 짧은
- 세계에서 가장 빠른
- 세계에서 가장 느린

이렇듯 '주제'에 '세계기록 용어'를 붙이는 사고이다.

이 사고법은 고정관념에 사로잡혀 있으면 절대 나올 수 없는 아이디어를 탄생시켜준다.

이를테면 우리 회사의 광고 크리에이터들은 CM이라고 하면 15초, 30초라는 전제조건을 가지고 생각한다. 그러나 '세계기록 기술'로 사고하면 접근 방법이 달라진다.

주제 — '완전히 새로운 CM 표현에 대한 참신한 아이디어'

이런 '주제'가 있다고 하자.

'세계에서 가장 짧은 CM'

'세계기록 기술'을 사용하면 이러한 사고를 할 수 있다. "1초짜리 CM을 15개 만들면 어떨까?", "인터넷 영화라면 시간은 상관없으니까 1초라도 좋을 거야." 세계기록 용어를 사용하면 이렇게 전제조건을 무너트리고 사고할 수 있다.

또 하나 '주제'를 내겠다. 이번에는 같이 생각해 보자.

주제 — '온천호텔을 유명하게 만드는 참신한 아이디어'

최근 우리나라는 온천 유행이 불고 있어서 토요일이 되면 온천 예약을 잡기가 힘들 정도이다. 그러나 한편으로 지역마다 또는 호텔마다 인기 격차가 심해서 인기몰이 전략을 세워야만 하는 지역도 있고, 경영에 어려움을 겪고 있는 온천호텔이 다수 존재하는 것도 사실이다.

그래서 새롭게 문을 여는 온천호텔 또는 재개를 노리는 온천호텔이 미디어에 소개될 정도로 유명해지는 그러한 아이디어를 생각해 보자. 온천 또는 온천호텔에 '세계기록 용어'를 접목시켜서 사고해 보도록 하자.

재미있는 아이디어가 생각났는가? 나의 사고는 이렇다. 우선 각 세계기록 용어를 온천과 온천호텔 그리고 온천 동기에 접목했다.

'세계에서 가장 큰 온천 찐빵'
'세계에서 가장 작은 온천'
'세계에서 가장 긴 동굴탕'
'세계에서 가장 작은 목욕가운'
'세계에서 가장 빠른 조식'
'세계에서 가장 느린 체크아웃'

전부 다 참신한 아이디어이다. '세계에서 가장 큰 온천 찐빵', '세계에서 가장 빠른 조식'은 그다지 많은 비용을 들이지 않고서도 '놀라움'을 줄 수 있는 아이디어이다. 게다가 '세상에서 가장 뜨거운'이라는 세계기록 용어를 붙여서 이러한 온천을 만들어 보면 어떨까.

'세계에서 가장 뜨거운 온천탕'

너무 뜨거워서 탕에 들어갈 수 없는 온천. 탕에 들어갈 수는 없지만, 마음에 드는 아이디어이다. 세계에서 가장 큰 온천 찐빵과 세계에서 가장 빠른 조식 그리고 세계에서 가장 뜨거운 온천탕을 합쳐 보자.

'세계 제일이 3가지나 있는 온천호텔'

이러한 문구로 어필할 수가 있다. 이 책을 읽고 있는 온천호텔 사장은 돈을 많이 들이지 않고 '놀라움'을 줄 수 있는 아이디어를 생각해 보면 어떨까?

세계기록 기술

❶ '주제' 에 세계기록 용어를 붙인다

〈CM〉

❷ 의미가 통하도록 정리한다

〈세계에서 가장 짧은 CM〉

만약 이러한 키워드가 유행하고 있다고 해보자.

- 드론
- 셀카(셀프카메라(self camera)의 줄임말)
- 웨어러블(Apple Watch 등 착용할 수 있는 기기)
- 쳇바퀴
- 홈런
- 백지 철회

당연한 이야기이지만, 어느 시대나, 어느 나라나 현재 유행하고 있는 키워드는 존재한다. 2015년 우리나라에서 유행한 키워드는 '드론'을 들을 수 있고, 2014년에 유행한 키워드로는 '겨울왕국'

등이 있다.

그리고 그 시대에 유행하는 키워드와 '주제'를 접목시키는 사고가 '11가지 사고 공식' 중 9번째 공식인 '키워드 접목 기술'이다. 방법은 이러하다.

유행하고 있는 키워드를 적는다 ⇒ '주제'에 접목시킨다

이것도 매우 간단한 사고법이다. 예를 들어 보자.

주제 — '판매량이 저조한 슈퍼마켓을 유행시키는 방법'

이를테면 앞에서 소개한 키워드를 사용해 보자.

'드론을 사용하는 배달'
'셀카 전용 공간 설치'
'쳇바퀴 세일 개최'
'홈런 세일 개최'
'가격 백지 철회'

모두 다 나름대로 '놀라움'이 있는 아이디어이다.
매일 반복되는 일상이라는 의미를 담은 '쳇바퀴'와 접목한 '쳇바퀴 세일'에 대해서 조금 더 깊이 다루어 보자.

'매일 같은 시간에 쇼핑을 하면 30퍼센트 할인해 준다.'
'매주 같은 요일에 카레를 사는 사람에게는 카레 하나를 서비스로 준다.'

그저 할인이나 타임 세일이 아니라 '쳇바퀴'라는 이름을 붙여서 겉모습을 바꾸는 것만으로도 단숨에 참신한 아이디어가 되었다. 분명히 고객들의 흥미를 자아낼 수 있을 것이다.

다른 '주제'를 내겠다. 다음은 같이 생각해 보자.

주제 — '송년회에서 재미있는 게임을 만드는 아이디어'

우선 송년회에서 할 게임 5가지와 현재 유행하고 있는 키워드 (책, TV 방송, 연예인, 시사, 경제 등)를 고른 후 접목시켜 보자.

● **주제**
'송년회에서 재미있는 게임을 만드는 아이디어'

송년회에서 할 게임을 생각하는 일은 매우 귀찮을지도 모른다. 해야 할 일도 많은데 송년회까지 책임져야 하니 머리가 매우 복잡할 것이다.

이럴 때 '키워드 접목 기술'을 생각하면 간단하게 아이디어가 나온다.

나는 TV 방송 프로그램에서 키워드를 찾았다. 최근 집을 새롭게 고쳐주거나 사람의 얼굴과 몸을 성형수술 해주는 프로그램이 인기를 끌고 있다.

여기서 비포 앤 애프터라는 키워드를 찾아냈다.

이 '비포 앤 애프터'를 주제에 접목시키면 이러한 아이디어가 탄생한다.

'회의 전과 회의 후의 긴장도를 비포 앤 애프터로 표현한다.'

회의 전에는 긴장해서 딱딱하게 굳어 있는데, 회의가 끝나면 태도가 싹 바뀌는 모습이다.

사실 비밀로 간직해야 할 이야기이지만 확실히 재미있는 게임이 될 것이다.

'아내 앞과 후배 앞에서 돌변하는 부장의 태도를 비포 앤 애프터로 표현한다.'

'내기 골프 시작 전과 끝난 후 돌변하는 사장의 표정을 비포

앤 애프터로 표현한다.'

　이러한 시리즈로 개최하면 유쾌한 웃음을 자아낼 수 있을 것이
다. 키워드와 접목하는 것만으로도 우리는 내일부터 센스의 달인
이 될 수 있다.

키워드 접목 기술

❶ 유행하고 있는 키워드를 적는다

〈쳇바퀴〉

❷ '주제' 에 접목시킨다

〈쳇바퀴 세일〉

유명 문구 이용 기술
누구나 알고 있는 유명한 문구를
'주제'에 적용시켜라

내가 편집장을 맡고 있는 바이럴 미디어인 '마치카도 크리에이티브'에서 쓴 기사가 PV 35만 건, 페이스북 공유하기 1만 4천 건, 트위터 2천 7백 건을 기록한 적이 있다.

"10대 은어로 '학의 보은(일본 민화)'을 읽고 싶다."

옛날 옛날 어느 마을에 할머니와 할아버지가 시골에서 비교적 성실하게 살고 있었습니다.

어느 날 할아버지는 시내에 있는 노래방에 갔다 돌아오는 길에 비틀거리는 불쌍한 학을 발견했습니다.

"혹시…… 맞짱 떴나?"

할아버지는 시무룩한 학의 모습을 인스터와 트위터에 업로

드시켰어요.

그리고 할머니에게도 톡을 보냈지만, 할머니는 할아버지의 톡을 무시하고 말았습니다.

"뭐야!"

집으로 돌아온 할아버지는 학에게 한 행동을 할머니에게 셀프 칭찬하기 시작했어요.

그때 갑자기 현관 벨이 울렸습니다.

문을 열자 98년생 간지쟁이 여고생이 가방을 들고 서 있었어요.

"지금 괜찮으세요? 겜방이 문 닫아서 그러는데 아침까지 재워주시면 안 돼요?"

"콜."

귀염 터지는 여고생에게 심쿵한 할아버지와 할머니는 여고생과 올나이트하기로 했습니다. 이튿날, 바느질 방에서 나온 여고생은 자신이 직접 만든 이불을 할아버지 할머니에게 건넸어요.

"완소 아이템이다."

감동받은 할아버지는 여고생의 이불을 팔기 위해 시내로 나갔습니다.

이불은 시내에서 불티나게 팔렸고, 할아버지 할머니는 만세를 부르며 기뻐했습니다.

마침내 이불 판매량은 요괴워치를 뛰어넘었고, '여고생 이

불’이 핫 아이템 대상을 수상한 이후부터 여고생은 다음 날
도 그 다음 날도 짐승 용량의 이불을 장식해야만 했습니다.

“ㅠㅠ”

그리고 어느 날 여고생의 싸한 반응에 열 받은 할아버지가
바느질 방을 엿보자 삐쳐 있는 학이 있었어요.

“얘기가 다르잖아! 짱나!”

이 말을 남기고 학은 하늘로 날아갔답니다.

끝.

이 문장은 내가 ‘마치카도 크리에이티브’의 인지도를 올리기 위
해 2015년 1월 15일에 완성한 기사이다. 그러나 이 기사는 우연히
인터넷에 퍼진 것이 아니다. 내가 확신을 가지고 어느 공식을 사용
해서 쓴 기사이다.

그 공식이 ‘11가지 사고 공식’ 중 10번째 공식인 ‘유명 문구 이
용 기술’ 이다. 방법은 이러하다.

**누구나 알고 있는 유명한 문구를 찾는다 ⇒ ‘주제’ 에 문구를 적
용시킨다**

“10대 은어로 ‘학의 보은’ 을 읽고 싶다.”에서는 ‘학의 보은’ 이
‘누구나 알고 있는 유명 문구’ 가 된다. 이 공식의 장점은 이러하
다.

'아이디어를 이해하는 노력을 최소한으로 줄일 수 있다.'

아이디어를 판단해야 하는 작업을 가진 사람이라면 이야기가 다르지만, 보통은 아이디어를 이해하지 못해도 큰 문제가 없기 때문에 이해하는 데에 시간이 걸리는 아이디어는 외면당할 우려가 있다.

그러나 읽기 전부터 이야기의 줄거리를 알고 있다면, 이해하는 데에 들이는 시간은 최소한으로 줄어들고 독해력도 설명도 필요 없어진다.

유명 문구에는 설화 이외에 다음과 같은 것이 있다.

1. 누구나 알고 있는 명언

드라마 명언, 애니메이션 명언, 역사적 인물 명언, 유행어 등

2. 누구나 알고 있는 이야기

설화, 인기 드라마, 인기 애니메이션, 히트 영화, 개그 유행어 등

3. 누구나 알고 있는 노래

동화, 클래식음악 등

이를테면 다음의 '주제' 가 있다고 하자.

주제 ― '튀김 가게의 캐치프레이즈'

유명한 문구로 '역사적 인물 명언' 을 사용해 보자.

'하늘은 사람 위에 사람을 만들지 않고, 사람 아래에 사람을 만들지 않았다.'

튀김 니시지마

튀김을 먹어보지 않아도 왠지 '맛있다.' 는 느낌이 드는 아이디어이다. 이렇게 위트 있는 튀김 가게라면 가격이 저렴해도 '놀라움' 이 있는 맛을 제공해줄 것 같은 느낌이 든다.

그럼 새로운 예시로 같이 생각해 보자.

주제 — '친구 결혼식에서 축하 비디오를 찍는 아이디어'

여기서는 '누구나 알고 있는 드라마 명언' 을 접목시켜 보면 어떨까.

● **주제**

'친구 결혼식에서 축하 비디오를 찍는 아이디어'

내가 사고한 것은 신랑이 드라마 명장면을 재현하는 아이디어
이다.

'내 안에 너 있다.'
'뭐 타는 냄새 안 나요? 내 마음이 지금 불타고 있잖아요.'
'오늘부터 너는 내 신부임을 공식 발표하는 바이다.'

일반적으로 신랑이 쓰지 않는 말투로 말하는 모습에 신부는 웃
음을 터트릴 테고, 많은 사람들이 알고 있는 문구이기 때문에 모든
하객들, 아이부터 시작해서 어른은 물론이고 할아버지 할머니까지
쉽게 이해할 수 있다. 분명 왁자지껄한 결혼식장 속에서도 일체감
이 생기고 모두의 기억에 남는 결혼식이 될 것이다.
　이것은 아이디어를 이해하는 노력을 최소한으로 줄이는 '유명
문구 이용 기술' 이기 때문에 가능한 일이다.

유명 문구 이용 기술

❶ 누구나 알고 있는 유명한 문구를 찾는다

〈역사적 인물 명언〉

❷ '주제' 를 문구에 적용한다

〈하늘은 사람 위에 사람을 만들지 않았고,
사람 아래에 사람을 만들지 않았다.

튀김 니시지마〉

4대 욕구 채우기 기술

'주제' 를

식욕, 수면욕, 성욕, 인정욕과 연결해라

인간의 3대 욕구란 무엇일까?

- 식욕
- 수면욕
- 성욕

나는 여기에 한 가지 욕구를 더한다.

- 인정욕

인정욕이란 인정받고 싶어 하는 욕구를 말한다. 이처럼 인간의 3대 욕구에 '인정욕' 을 더한 사고의 기술이 '11가지 사고 기술' 중

마지막 기술인 '4대 욕구 채우기 기술' 이다. 이것은 '주제' 를 4대 욕구와 연결시켜서 '놀라움' 이 있는 아이디어를 만들어내는 기술이다. 방법은 이러하다.

'주제' 를 다음 무언가의 욕구와 연결시킨다.
- **식욕**
- **수면욕**
- **성욕**
- **인정욕**

예를 들어 보겠다.

주제 — '책에 대한 참신한 아이디어'

이 '주제' 와 '식욕' 을 연결시켜 보자.

'먹을 수 있는 책'

설탕으로 만든 책이라도, 과자로 만든 책이라도 좋다. 식욕으로 접근한 책에 대해서 사고해 보았다.

같은 방법으로 '주제' 를 '수면욕' 과 연결시키면 이러한 아이디어가 나온다.

'읽기 시작하면 1분 안에 잠드는 책'

전문가에게 감수를 받은 책으로, 인간이 가장 졸음을 느끼기 쉬운 말, 색, 냄새 등을 사용해서 만든 책이다.

실제로 이런 책이 만들어지기까지는 많은 어려움이 있을 테고, 어떠한 식으로 출간해야 할지 고민도 해야 하지만, 충분히 '놀라움'을 주는 아이디어이기 때문에 1분 안에 잠드는 책이 만들어진다면 분명히 화제가 될 것이다.

이렇듯 '4대 욕구 채우기 기술'은 '주제'를 식욕, 수면욕, 성욕, 인정욕과 연결시켜서 생각하는 사고의 기술이다.

세상에는 '4대 욕구'를 느끼지 못하는 사람은 없다.

그렇기 때문에 이 기술을 잘 활용하면 많은 사람들이 참신하다고 느끼는 아이디어를 반드시 만들어낼 수 있다.

또 하나 예를 들어 보자. 다음은 같이 생각해 보자.

주제 — '호감 있는 여성과 즐기는 데이트 코스'

이를테면 '이탈리아 요리를 좋아하는' 여성과 데이트를 한다고 가정하고, 이를 '4대 욕구'와 연결시켜서 생각해 보자.

참신한 데이트 코스를 생각했는가?

나는 재미있는 사고를 했다.

이탈리아 요리를 좋아하는 여성에게 '놀라움'을 주는 데이트란 이러한 것이다.

'맛있는 이탈리아 레스토랑 3곳을 가는 데이트'

보통 이탈리아 레스토랑에 간다고 하면 저녁 식사만으로 끝이 나지만, 포도주를 마시면서 전채요리를 조금 먹은 후 다른 레스토랑으로 가서 이탈리아 와인과 메인요리를 먹고, 또다시 자리를 옮겨서 돌체(디저트)와 이탈리아의 소테른 와인을 즐기는 데이트라면 이탈리안 요리를 좋아하는 그녀에게도 매우 만족스러운 데이트가 될 것이다.

또한 여성이 바쁜 회사원이라면 '수면욕'과 연결시켜서 이러한 아이디어를 만들 수 있다.

'숙면에 좋은 베개를 만들러 가는 데이트'

업무에 쫓기는 사람일수록 수면을 중요하게 생각한다. 그렇기 때문에 바쁜 회사원 여성에게 "좋은 베게 가게가 있어." 하고 말하며 데이트를 추진하면 확실히 '놀라움'이 있는 데이트를 연출할 수 있다.

4대 욕구 채우기 기술

❶ '주제'를 4대 욕구(식욕, 수면욕, 성욕, 인정욕) 중 무언가와 연결한다

〈식욕〉

〈수면욕〉

〈먹을 수 있는 책〉

〈읽기 시작하면 1분 안에 잠드는 책〉

제3장

비지니스, 취업, 연애 등 '11가지 사고 공식' 상황별 실천법

2장에서는 '11가지 사고 공식' 에 대해서 살펴보았다. 매우 간단한 공식이라 놀란 사람도 있을 것이다. 어떠한 '주제' 가 나왔을 때 '11가지 사고 공식' 에 대입해서 사고하면 몇십 개나 되는 아이디어가 간단하게 나올 것이다. 이처럼 '11가지 사고 공식' 은 이 책을 읽은 그날부터 우리를 사고의 달인으로 만들어준다.

그러나 이 책은 공식만 알려주고 끝나지 않는다. 이제부터는 아직 불안해하고 있을 독자들을 위해 2장에서 배운 '11가지 사고 공식' 을 다양한 각도에서 설명하겠다. 비즈니스, 취업, 연애라는 3가지 테마에 몇 가지 '주제' 를 낸 후 다양한 사고 공식을 대입해 보겠다.

이 장은 비즈니스, 취업, 연애를 각각의 테마로 나누어 놓았기 때문에 자신에게 맞지 않는 테마이거나 흥미가 없는 내용이라면 다음 단계로 넘어가도 좋다.

그럼, 테마의 순서를 나열하겠다.

1. 비즈니스 편 — 사장도 영업직 사원도 실천할 수 있는 사고 기술
2. 취업 편 — 입사지원서부터 면접까지 취업에 성공하는 사고 기술
3. 연애 편 — 솔로 탈출부터 프러포즈까지 성공하는 사고 기술

이 세상에는 다양한 비즈니스와 다양한 업종이 있고, 그에 따라 아이디어가 요구되는 상황도 매우 다양하다.

나에게도 여러 업계에서 일하는 친구들이 있다. 그리고 그 종류는 달라도 '사고'와 '아이디어'에 대해 고민하는 모습은 모두에게서 쉽게 엿볼 수 있다.

사업가 → 업종에 대한 아이디어, 새로운 상품과 서비스에 대한 아이디어

기획가 → 새로운 상품과 서비스 홍보에 대한 아이디어

홍보직 → 회사나 상품의 브랜딩과 홍보에 대한 아이디어

상품개발자 → 새로운 상품과 서비스에 대한 아이디어

디자이너 → 새로운 디자인에 대한 아이디어

사무직 → 업무 효율을 높이는 프로그램에 대한 아이디어, 직원의 의욕을 높이는 인사평가에 대한 아이디어

생산직 → 업무의 효율을 높이는 아이디어, 제품 검사의 질을 높이는 아이디어

이렇듯 업무에 따라 필요한 아이디어는 다양하다. 이것만 보더라도 아래와 같은 사실을 알 수 있다.

'비즈니스와 아이디어는 떼려야 뗄 수 없다.'

"나는 평생 동안 아이디어를 생각하면서 살아야 하는 건가." 하고 비명을 지르는 사람도 안심하길 바란다. 이 책은 언제나 그런 사람 편에 서 있기 때문이다.

우선 비즈니스에서 아이디어가 필요한 상황을 예로 든 후, '11가지 사고 공식'을 대입해 그 실천법을 설명하도록 하겠다.

◉ 유형 1. 영업 방법에 대한 참신한 아이디어

나는 13년 동안 광고 크리에이터로 지내면서 다양한 기업을 고객으로 만나왔다. 그 기업들이 품고 있는 고민과 과제는 저마다 다르지만, 기업의 규모를 불문하고 모두 다 공통된 고민 한 가지를

가지고 있었다.

'작업을 어떻게 진행해야 할까.'

영업에는 납품 영업, 방문 영업, 전화 영업 등 이른바 발로 뛰는 영업부터, 좋은 제품, 좋은 서비스, 좋은 디자인을 고객에게 제공하는 앉아서 하는 영업까지 그 '영업 방법'은 매우 다양하다.

그러나 발로 뛰는 영업이든지 앉아서 하는 영업이든지, 최근 사용되는 영업 방법에는 모두 비슷한 느낌이 드는 것도 사실이다.

고객의 입장에서 보면, 아무리 매력적인 회사에서 걸려온 전화라도 전화 영업이라는 이유만으로 다른 회사와 똑같이 취급해버리기 쉽다. 그리고 영업은 첫인상이 중요하기 때문에 그 시점에서 기업은 큰 손실을 입게 된다.

여기서 등장하는 것이 '11가지 사고 공식'이다. 11가지 공식 중 몇 가지 공식을 사용하면 '놀라움'을 주는 영업 방법을 생각해낼 수가 있다. 그러면 아무리 전화 영업일지라도 고객이 이야기를 들어줄 가능성이 커지고, 결과적으로 성공률도 올라간다.

주제 — '영업 방법에 대한 참신한 아이디어'

여기서 사용하는 공식은 '한정의 기술', '역지사지의 기술', '키워드 접목 기술'이다.

1. '한정의 기술'을 사용한 영업 방법

'한정의 기술'은 "'주제'"를 지역, 대상자, 인원수, 상황, 시기 등으로 한정'하는 기술이다. 참신한 영업 방법을 생각하기 위해서는 무엇을 한정하면 좋을까.

지역을 한정한다 → 특정 지역을 지정한 후 그곳을 중점으로 영업한다
대상자를 한정한다 → 1977년 수도권에서 태어난 사람을 한정해서 영업한다
인원수를 한정한다 → 친한 친구가 3명인 사람을 한정해서 영업한다
상황을 한정한다 → 골프장에서 영업한다
시기를 한정한다 → 매월 1일부터 10일까지 영업한다

어떠한가. 이렇게 한정하면 영업하는 대상이 보다 명확해지고 목표가 뚜렷해지는 것을 확인할 수 있다.

이를테면 지역을 한정하면 그 지역에 대해서 보다 자세히 알 수 있기 때문에 영업할 때에 여담의 깊이가 깊어진다. 영업에 관계없이, 대화를 필요로 하는 모든 업무에 있어서 애드리브와 여담이 승부의 갈림길이 되기도 한다. 그렇기 때문에 지역을 한정하면 꽤 유

리한 결과를 얻을 수 있다.

대상자를 한정하는 것도 마찬가지이다.

세대 차이라는 말이 있듯이, 나이가 세 살 정도만 차이 나도 읽었던 만화나 즐겨 보았던 드라마, 유행했던 음악이 달라서 이야기가 통하지 않은 경우가 있다. 대상자를 한정하면 고객 연령대의 공통된 취미를 파악할 수 있어서 영업 활동에 장점이 된다.

인원수와 상황을 한정하면 제안 부분에서 유리해진다.

이를테면 부부만 있는 2인 가족과 자녀가 있는 3인 가족은 평일과 주말, 휴일의 모습이 완전히 다르다.

주말에는 일이 없는 사람도 있고, 오히려 주말에 일이 많은 사람도 있다. 영업하는 고객층을 명확하게 만들면 어떠한 형식으로 제안할지 전략적으로 사고할 수 있어서 영업 실적을 크게 올려준다.

또한, 매일 무작정 영업에 나서는 것이 아니라 1일부터 10일까지는 영업 활동을 하는 날, 11일부터 20일까지는 제안서를 작성하는 날, 21일부터 31일까지는 영업 전략을 짜는 날처럼 시기를 한정해서 영업하는 방법도 좋다.

이렇듯 '한정의 기술'을 사용해서 사고하면 고객에게 '놀라움'을 주는 아이디어가 탄생한다. '늘 걸려오던 전화 영업이랑은 다르네. 조금 색다른데 한번 들어볼까.' 하고 고객은 생각할지도 모른다.

2. '역지사지의 기술'을 사용한 영업 방법

'역지사지의 기술'은 '다른 사람에게 빙의해서 "주제"에 접근'
하는 사고 기술이다. 그러면 영업을 하는 경우에는 누구에게 빙의
해야 될까.

'고객'

당연히 '고객'에게 빙의해야 한다.
고객에게 빙의하면 우리가 판매하려는 상품이나 제안하려는 기
획이 그 기업에서 어떠한 과정으로 심사가 이루어지는지 상상할
수가 있다.

**기획 회의를 연다 ⇒ 부장이 기획을 결정한다 ⇒ 예산을 관리하
는 부서가 기획을 상세히 조사한다 ⇒ 사장에게 기획안을 올린다
⇒ 결정이 이루어진다**

만약 고객의 기업에서 이러한 과정으로 심사가 진행된다면, 기
획 회의에 제출할 '자사의 기획안'을 고객 대신에 만드는 영업 방

법을 생각할 수가 있다.

매일 업무에 치어서 바쁘게 지내는 고객은 일 하나가 줄어서 기쁠 테고, 우리는 자사의 상품이 담긴 기획안이 통과되면 영업 실적이 올라가기 때문에 일석이조의 효과를 얻을 수 있다.

또한 '회계팀 직원'에게 빙의하면, 고객 대신에 견적서를 작성해 주는 영업 방법을 생각해낼 수가 있다.

각 회사마다 자신들이 만든 견적 항목이 있을 것이다. 그 모든 항목을 상세하게 정리해서 자사의 상품에 대해서는 더 이상 견적을 내지 않아도 되도록 도와주는 방법이다. 이것도 훌륭한 영업 기술이다.

또한, 사장에게 빙의하는 방법도 효과적이다.

사장의 블로그를 매일 확인하고, 사장이 생각하는 이상적인 회사와 비전 그리고 사장의 취미와 취향 등을 파악한 후에 그것을 활용해서 기획을 제한하는 방법이다. 그러면 고객의 사내에서는 사장의 취향을 저격한 기획안이라는 의견이 모아지게 되고, 나아가 무턱대고 영업을 하는 경쟁 회사를 이길 수도 있다.

3. '키워드 접목 기술'을 사용한 영업 방법

'키워드 접목 기술'은 '유행하고 있는 키워드에 "주제"를 접목'시키는 기술이다. '유행하고 있는 키워드와 접목한 영업 방법'은 어떠한 것이 있을까. 우선 2장에서 들은 키워드를 다시 한 번 살펴보자.

- 드론
- 셀카(셀프카메라(self camera)의 줄임말)
- 웨어러블(Apple Watch 등 착용할 수 있는 기기)
- 쳇바퀴
- 홈런
- 백지 철회

또한 최근에는 이러한 키워드가 떠오르고 있다.

- **스몰비어**
- **감점을 읽는 로봇**
- **고향세**

그럼 앞에서 들은 예시 중에 하나의 키워드를 선택해서 영업에 접목시켜 보겠다.

'쳇바퀴 영업'

매일 정해진 시간에 정해진 옷을 입고 정해진 내용으로 영업을 하는 방법이다.

이전에는 닭이 우는 시간으로 현재 시간을 알았다고 한다. '쳇바퀴 영업'은 그것과 똑같은 방법으로 일정한 법칙을 만들어서 고객의 일상에 들어가 자신의 존재를 각인시키는 방법이다. 처음에는 고객이 부담스럽게 생각할지도 모르지만, 지속적으로 찾아간다면 고객의 생활에 없어서는 안 되는 존재가 될 것이다.

또한 '스몰비어'를 접목시키면 어떻게 될까.

'쳇바퀴 스몰 영업'

이러한 아이디어가 탄생한다. 스몰비어란 간단하게 맥주 한 잔을 마시는 것으로 최근 스몰비어 가게가 늘어나는 추세이다. 이 키워드를 주제에 접목하면, 매일 고객을 방문하지만 1분만 얼굴을 내비치는 영업이라는 아이디어가 탄생한다. 고객들에게 한 마디 말만 전하고 돌아가는 영업이기 때문에 다른 영업 직원과는 달리, 고객들 사이에서는 그 영업 직원의 화제가 끊이지 않을 것이다. 그리고 '오늘도 1분만 있다가 가겠지.'라고 고객이 생각할 때에 30분 정도 그 회사에 머물러 보자. '저 사람 매일 1분만 있다 갔는데 오늘은 3분이나 있네. 오늘은 뭔가 특별한데.'라는 인상을 심어줄 수가 있다.

이처럼 일정한 법칙을 만들고, 일부러 그 법칙을 깨트려서 주목을 받는 '놀라움'이 있는 영업 방법을 생각해낼 수가 있다.

◉ 유형 2. 직원의 의욕을 높이는 아이디어

프리랜서, 운동선수, 바둑기사 등 특수한 직종에 종사하는 사람을 제외하고는 대부분이 동료들과 함께 작업을 진행한다.

그리고 개인의 집합체인 기업에서 경영자가 꼭 신경 써야 하는 부분이 있다.

'직원들의 의욕'

이를테면 실력이 같은 두 개의 기업이 있다고 하자. 한 기업은 직원들의 의욕이 낮고, 일하기를 싫어한다.

또 한 기업은 직원들의 의욕이 높고 자신들이 알아서 일을 처리한다.

실력이 같은 두 기업이지만 1년 동안 해온 영업 실적은 절대 같을 수가 없다.

즉 회사 경영에 있어서 가장 중요한 것은 직원의 의욕이라고 해도 과언이 아니다.

나도 한 회사의 대표이지만, 직원의 의욕을 높이는 방법과 사내 평가 방식에 대해서는 항상 시행착오를 반복하고 있다.

여기서는 경영자와 인사담당자가 항상 품고 있는 과제에 구조선이 될 수 있도록, 직원의 의욕을 높이는 아이디어를 '11가지 사고 공식' 에 대입해서 사고해 보겠다.

주제 — '직원의 의욕을 높이는 아이디어'

11가지 공식 중에 '순서 바꾸기 기술', '세계기록 기술', '4대 욕구 채우기 기술' 을 사용해 보자.

1. '순서 바꾸기 기술' 을 사용해서 직원의 의욕을 높이자

직원의 의욕과 가장 관계가 깊은 '사내 평가' 를 바탕으로 '직원의 의욕을 높이는 방법' 에 대해서 사고해 보겠다.

사용 공식은 '순서 바꾸기 기술' 이다. '순서 바꾸기 기술' 이란 '"주제"의 모든 순서를 나열한 후 그 순서를 바꾸는' 기술을 말한다. 사내 평가라는 틀 안에서, 회사원의 1년간 스케줄을 순서대로 나열해 보자.

1. 연초 1년 계획을 세운다
2. 작업을 한다
3. 연초에 세운 계획 성취도를 연말에 본다

4. MVP 직원을 결정한다

물론 이 같은 방법을 4분기로 나눠서 실행하고 있는 회사도 있지만, 어쨌든 대부분 이러한 순서로 직원을 평가한다.

4. MVP 직원을 결정한다
1. 연초 1년 계획을 세운다
2. 작업을 한다
3. 연초에 세운 계획 성취도를 연말에 본다

4번째 순서인 'MVP 직원을 결정한다.'를 첫 번째로 가지고 오면 이러한 아이디어가 태어난다.

'우선 MVP 직원을 결정한다.'

이 아이디어는 연초에 "올해의 MVP 직원은 당신입니다." 하고 발표하는 방법이다. MVP 직원을 선택하는 작업은 신중한 판단이 필요하지만, 평소에 실적이 좋은 직원이라면 보다 책임감을 가지고 작업에 몰두할 것이고, 실적이 좋지 않은 직원이라면 MVP 명예에 부끄럽지 않도록 노력할 것이다.

'연초에 상여금을 제시한다.'

이 방법도 생각해 볼 수 있지만, 회사의 실적이 어떻게 될지도 모르는데 금액을 확정해버리면 오히려 게으름 피우는 직원이 나올지도 모르기 때문에 '명예만 주는' 방법이 좋을 것이다.

또한 이러한 '놀라움'이 있는 정책은 홍보 효과도 가져다준다. '독특한 회사'로 유명해지면 입사지원자가 많이 몰리는 등 이로운 효과를 얻을 수 있다.

2. '세계기록 기술'을 사용해서 직원의 의욕을 높이자

'세계기록 기술'이란 '"주제"에 세계기록 용어를 붙이는' 기술을 말한다. 구체적인 예시로 다음과 같은 6개의 용어를 붙여보겠다.

- 세계에서 가장 큰
- 세계에서 가장 작은
- 세계에서 가장 긴
- 세계에서 가장 짧은
- 세계에서 가장 빠른
- 세계에서 가장 느린

그러면 이 '세계기록 용어'를 사용해서 직원의 의욕을 높이는 아이디어를 사고해 보자.

여기서 중요한 것이 있다.

'긍정적인 말은 최대로 하자.'
'부정적인 말은 최소로 하자.'

이를테면 이러한 방향이다.

'직원이 좋아하는 것은 세계에서 가장 길게(크게)하는 것이다.'
'직원이 싫어하는 것은 세계에서 가장 짧게(작게)하는 것이다.'

그럼 구체적인 아이디어에 접목시켜 보자. 우선 긍정적인 말을 최대로 한 아이디어로써 다음과 같은 것을 생각할 수 있다.

'세계에서 가장 긴 휴가'
'세계에서 가장 높은 상여금'
'세계에서 가장 큰 책상'

계속해서 부정적인 말을 최소로 한 아이디어로써 다음과 같은 것을 생각할 수 있다.

'세계에서 가장 짧은 근무시간'
'세계에서 가장 늦은 출근시간'

이 예시들은 전부 직원의 의욕을 높이는 아이디어이다. 이 아이디어는 대외적인 '놀라움' 을 낳는 정책이기 때문에 직원의 의욕을 높이는 것뿐만 아니라 홍보 효과도 기대할 수가 있다.

3. '4대 욕구 채우기 기술' 을 사용해서 직원의 의욕을 높이자

'4대 욕구 채우기 기술' 이란 '"주제"를 식욕, 수면욕, 성욕, 인정욕과 연결' 하는 기술을 말한다. 우선 모든 욕구에 '주제' 를 연결시켜 보자.

- '식욕' 과 연결해서 직원의 의욕을 높이자
- '수면욕' 과 연결해서 직원의 의욕을 높이자
- '성욕' 과 연결해서 직원의 의욕을 높이자
- '인정욕' 과 연결해서 직원의 의욕을 높이자

식욕과 연결하면 '호텔 식당에서 회식을 한다.' 처럼 유명 레스토랑과 접목하는 방법을 생각할 수 있고, 인정욕과 연결하면 '칭찬하는 항목만 존재하는 평가표' 처럼 인정받고 싶어 하는 욕구를 최대한 많이 채워주는 아이디어를 생각할 수 있다.

그러면 가장 '놀라움'을 줄 수 있는 아이디어인 '수면욕'과 연결시켜 보자.

'낮잠을 잘수록 올라가는 평가'

"낮잠의 리프레시 효과는 밤잠의 3배이다."는 연구 결과가 있을 정도로, 낮잠은 업무 효율을 높여준다는 사실이 과학적으로 증명되었다.

즉 작업의 효율을 높이기 위해 낮잠을 장려하고, 인사평가에도 다음과 같은 항목을 기재하는 방법이다.

'낮잠 평가'

낮잠이 평가로 이어지면 '잠도 자고 평가도 받는 일석이조'가 된다.

'승진하면 할수록 고급 베개가 지급된다.'

이러한 독특한 인센티브까지 만들면 더 좋을 것이다. "다음에 승진하면 라텍스 베개가 지급됩니다."라며 게임을 하듯이 즐거움을 주면 직원들의 의욕이 높아질 것이다.

'4대 욕구로 본능적인 의욕을 높이자.'

이 방법을 한번 시험해 보면 어떨까.

취업 편

입사지원서부터 면접까지

취업에 성공하는 사고 기술

'가려운 곳을 긁어주자.'가 모토인 '11가지 사고 공식'. 그럼 다음 대상은 무엇일까.

'취업(취업 준비생)'

여기에서는 우선 취업 준비생들이 많이 빠지는 덫을 소개하겠다.

'모든 취업 준비생과 똑같은 방법으로 취업 활동을 하고 있다.'

대부분의 취업 준비생들이 '자신이 활동하는 지역 안에서 취업에 대해 가장 잘 아는 사람'을 무작정 따라하는 방법으로 취업을 준비한다.

　사회인이라고 말할 수 있는 경험은 전혀 없고, 어떠한 방법으로 자신을 어필해야 할지도 모르기 때문에 취업에 빠삭한 친구의 말만 믿고 그대로 취업 활동을 진행한다.

　그러나 냉정하게 생각해 보자. 단 1백 명을 모집하는 채용에 1만 명이 넘는 지원자가 몰려드는 험난한 취업 세계에서 남들과 똑같이 움직인다고 과연 취직이 될 수 있을까.

　2003년에 내가 신입사원으로 입사한 광고 기업도 정원 150명 채용에 1만 2천명 이상이 지원했다고 한다. 큰 학교에서 치러진 필기시험장에서 당시 인사담당자가 "죄송하지만 여기에 오신 사람들 중에 99퍼센트는 합격할 수가 없습니다."라고 한 말은 너무나 충격적이어서 아직도 기억하고 있을 정도이다.

　당연한 이야기이지만, 광고 기업 이외에 대기업, 방송국, 여행사, 외국계 금융회사 등 흔히 말하는 인기 업종은 '취업에 성공하는 사람보다 지원자가 압도적으로 많은' 것이 사실이다.

　이러한 상황 속에서 취업에 성공하기 위해 필요한 사고가 있다.

'다른 지원자와의 차별화, 내가 채용되어야 하는 타당성'

　1백 명 중에 한 명을 채용하는 기업에게 어떻게 해야 선택받을 수 있을까. 어떻게 해야 다른 99명의 지원자와 차별화가 생길까.

이것에 대한 아이디어가 취업의 승패를 좌우한다. 즉 이러한 아이디어를 생각해내야만 한다는 뜻이다.

'나를 "놀라움"이 있는 존재로 어필하는 방법'

게다가 차별화라는 시점은 '다른 지원자'에게만 머무는 것이 아니라 '지망하는 기업의 직원들'에게도 향해야 한다. 기업은 변화와 진보를 반복하면서 성장한다. 그렇기 때문에 당연히 기업은 '변화와 진보를 이끄는' 새로운 인재를 원한다.

'그 기업에는 없는 "새로운 무언가"를 가진 사람'

이러한 능력을 어필하는 방법도 취업에 성공하기 위해 필요한 시점이다.

'놀라움'을 지닌 취업 준비생이 되기 위해 우리가 강구해야 할 대책이 있다.

그것은 '11가지 사고 공식'을 사용하는 것이다.

여기서는 '11가지 사고 공식'을 사용해 취업의 두 가지 중대사항인 '입사지원서'와 '면접'에 대해서 사고해 보겠다.

입사지원서란 취업 준비생이 취업을 준비하면서 가장 먼저 뛰어넘어야 하는 커다란 장벽이다. 그리고 입사지원서에서 가장 중요한 요소가 자기 PR과 지원 동기이다.

본래 좋은 입사지원서란 **"자기 PR과 지원 동기를 하나로 묶은 후, 그것을 기반으로 기업의 인재가 되겠다."**는 포부를 전하는 것이다. 그러나 최근 극심한 취업난을 감안하면, 대학시절에 스포츠나 예술 그리고 인턴 생활을 하면서 거둔 압도적인 결과가 없는 한 **"취업으로 이어지는 나만의 역사를 만들자."**는 행위도 필요하게 되었다.

'여행사에 취업하기 위해 세계 일주를 하자.'
'영화사에 취업하기 위해 단편 영화를 만들자.'
'광고회사에 들어가기 위해 대학생 광고상을 수상하자.'

이를테면 이러한 행동을 취해야만 한다.

이미 취업에 뛰어난 학생들은 당연히 준비하고 있을 행동이지만, 문제는 아이디어가 너무 진부하다는 데에 있다. 이를 테면 이러한 아이디어이다.

'세계 일주 배낭여행'

물론 취업과 관계없이 자신이 즐기기 위해서 세계 일주를 하는 것은 전혀 문제가 되지 않는다.

그러나 취업을 목적으로 세계 일주를 계획하고 있는 사람이 있다면 지금 당장 그 생각을 접길 바란다. 세계 일주는 20년 전에나 통했을 아이디어이다. 지금은 어림잡아 50명 중에 1명은 이 방법을 아이디어로 생각한다. 1만 명 이상의 지원자가 몰려드는 인기 기업이라면 적어도 200명 정도의 취업 준비생이 비슷한 자기 PR을 가지고 입사지원서를 작성한다는 계산이 된다. 이러한 아이디어로 입사지원서를 작성하면 서류전형에서 전원 탈락되고 만다.

입사지원서는 취업 활동의 제1관문이다. 여기서 떨어지면 안 된다.

'11가지 사고 공식'을 사용해서 반드시 통과하는 '입사지원서의 참신한 아이디어'를 사고해 보자.

주제 — '인상에 남는 입사지원서를 작성하는 방법'

11가지 공식 중에 '뚜렷한 동기 기술', '유명 문구 이용 기술', '4대 욕구 채우기 기술'을 사용해 보자.

1. '뚜렷한 동기 기술'을 사용해서 인상에 남는 입사지원서를 작성하는 방법

우선 '뚜렷한 동기 기술' 을 사용한 자기 PR에 대해서 설명하겠다. '뚜렷한 동기 기술' 이란 '"주제"와 동물, 어린아이, 여고생, 섹시, 공포, 프러포즈, 결혼식을 연결' 하는 기술을 말한다. 이것을 자기 PR과 묶으면 이렇게 된다.

- '동물' 과 입사지원서
- '어린아이' 와 입사지원서
- '여고생' 과 입사지원서
- '섹시' 한 입사지원서
- '무서운' 입사지원서
- 입사지원서로 '프러포즈' 를
- '결혼식' 과 입사지원서

이 중에는 '섹시한 입사지원서' 와 '무서운 입사지원서' 가 제일 참신한 아이디어이지만, '섹시한 입사지원서' 는 호불호가 갈리기 때문에 '무서운 입사지원서' 로 사고해 보도록 하자.

'세계 30개 국에 있는 유령의 집 200곳을 다녀 온 남자'

어떠한가. '놀라움' 이 있는 참신한 아이디어가 태어난다. 이는 입사지원서를 작성한 사람이 1만 명이 있다고 해도 절대로 겹치지 않을 아이디어이다. 이것으로 자기 PR은 충분하다.

'방송국에서 유령의 집을 주제로 한 방송을 만들고 싶다.'
'광고회사에서 공포를 모티브로 한 광고를 만들고 싶다.'
'대기업에서 유령의 집을 산업화하고 싶다.'

이렇듯 지원하는 기업과 업계에 맞춰서 지원 동기를 정리하면 좋을 것이다.

2. '유명 문구 이용 기술'을 사용해서 인상에 남는 입사지원서를 작성하는 방법

'유명 문구 이용 기술'은 자기 PR과 지원 동기를 포함해, 입사지원서의 모든 항목에 매우 유용하게 쓰이는 사고 공식이다.

이를테면 우리가 기숙사에서 생활하는 운동부 학생이라고 가정해 보자. 지금까지 전적으로 상급생 지상주의이었던 분위기를 하급생인 내가 개혁을 일으키자 역대 최고의 성적을 거둘 수 있었다고 하자.

이것을 어필할 때, 다음 중 어떠한 표현이 기업의 흥미를 끌 수 있을까?

'상급생에게 맞서서 기숙사 분위기를 바꾼 후 역대 최고의 성

적을 올린 남자'

"'세상을 바꾸자!"며 상급생에게 맞선 ○○대학의 체 게바라'

혁명가 '체 게바라' 라는 누구나 알고 있는 인물과, '세상을 바꾸자' 라는 누구나 알고 있는 문구를 사용한 후자가 전자보다 압도적으로 어필할 가능성이 크다.

학생시절에 아르바이트를 많이 한 여성이라면 '○○대학의 아르바이트 신' 이라는 식으로 자신을 어필할 수가 있고, 입사지원서에 자유롭게 자신을 소개하는 란에는 앞에서 보았던 '학의 보은' 이나 '신데렐라' 의 문구를 이용해서 어필하는 방법도 있다.

'흥미를 일으키는 문구를 적어라.'

자신이 어필하고 싶은 점을 보다 알기 쉽게, 그리고 보다 흥미롭게 전하고 싶다면 '유명 문구 이용 기술' 을 사용해 보자. '유명 문구 이용 기술' 은 우리에게 매우 유용한 수단이 되어줄 것이다.

3. '4대 욕구 채우기 기술' 을 사용해서 인상에 남는 입사지원서를 작성하는 방법

수천 명, 수만 명이나 되는 입사지원자 중에 묻히지 않고 자신을 어필하는 방법을 '4대 욕구 채우기 기술' 로 사고해 보자.

물론 꼭 어필하고 싶은 부분과 지원 동기는 입사지원서의 주요 란에 작성해야 한다. 그리고 취미 란에 이렇게 작성한 지원자가 있다고 하면 어떨까?

'전국 300점의 카레를 정복한 남자'

마음에 들지 않은가. 그리고 다음 칸에는 이렇게 쓰여 있다고 하자.

'회사 근처 유럽식 카레는 〇〇이 맛있고, 인도식 카레는 △△가 맛있다. ××는 회사와 조금 떨어진 곳이기는 하지만 피클이 매우 맛있다.'

이 지원자와 카레에 대해서 더 많은 이야기를 나누고 싶지 않은가? 입사지원서에 늘 존재하는 취미는 독서와 영화 관람이다. 이것은 매우 식상한 취미로, 기업의 인사담당자들은 이러한 취미에 전혀 흥미를 갖지 않는다.

그러나 이 카레 에피소드는 보는 사람의 '식욕' 을 어필한다. 게다가 그 기업의 특징까지 고려해서 회사 근처의 카레 맛집을 추천하면 더욱더 압도적으로 어필할 수가 있다. 이러한 입사지원서를 본다면 누구나 "우리 회사의 특성을 잘 아는 참신한 인재"라고 생각할 것이다.

압도적으로 본능에 호소하고, 압도적으로 차별화된 입사지원서로 서류 통과는 문제없을 것이다.

◉ 유형 2. 면접에서 좋은 인상을 남기는 아이디어

입사지원서와 나란히 취업 준비생의 골머리를 썩이는 것이 면접이다.

모든 면접관은 "당신의 이야기가 듣고 싶군요."라는 태도를 취한다. 그렇기 때문에 우리가 먼저 면접관에게 좋은 인상을 심어줄 수 있도록 적극적으로 노력할 필요가 있다.

주제 ― '면접에서 좋은 인상을 남기는 아이디어'

여기서 사용할 공식은 '상식 ⇒ 비상식의 기술', '역지사지의 기술', '4대 욕구 채우기 기술' 이다.

1. '상식 ⇒ 비상식의 기술' 을 사용해서 좋은 인상을 남기는 면접을 보자

‘상식 ⇒ 비상식의 기술’이란 ‘“주제”의 상식을 적고, 비상식으로 바꾼 후 “주제”에 붙이는’ 기술을 말한다. 우선은 면접의 상식을 적어 보도록 하겠다.

- 자신을 어필한다
- 자신의 장점을 최대한 많이 어필한다

이러한 것을 생각할 수가 있다. 이것을 비상식으로 바꾸어 보자.

‘자신을 어필하지 않는다.’
‘자신의 장점 하나만을 어필한다.’

이를테면 우리가 집단 면접이나 집단 토론에 참가한다고 가정해 보자. 일반적으로 취업 준비생들은 자신이 하고 싶은 말을 생각한 후에 면접장에 들어간다. 그래서 **다른 지원자의 발언권을 빼앗아서라도 내가 하고 싶은 말을 전부 말하고 싶다, 그룹 중에 내가 가장 돋보이고 싶다**고 생각할지도 모른다.

그러나 집단 면접이나 집단 토론에는 나뿐만이 아니라 ‘다른 지원자’도 존재한다. 즉 면접관에게는 절대평가가 아니라 상대평가라는 시점이 생긴다. 그렇기 때문에 이러한 상황에서는 다른 지원자를 충분히 활용하거나, 자신을 희생해서라도 토론을 앞으로 이끌어가는 대화 능력이 중요하다. 자신을 돋보이는 것보다 주변 사람과 어우러져서 보다 좋은 결과를 이끌어내는 대화 능력이야 말로 면접관에게 좋은 인상을 심어주는 열쇠이다.

면접의 상식에 사로잡히지 말고, 상황에 가장 알맞은 대응을 하는 것. 이것이 면접에 임할 때 가져야 하는 가장 좋은 시점이다.

'자신의 장점 하나만을 어필한다.' 이것도 면접에서 매우 필요한 시점이다.

대기업의 경우 서류전형에 무사히 통과해도 면접장에 가면 수백 명 혹은 수천 명이나 되는 라이벌이 아직 남아 있다. 즉 면접관은 하루에 수백 명이 넘는 지원자와 대면한다는 뜻이다.

여기서 필요한 아이디어가 있다.

'나만의 기호성'

자신의 다양한 장점을 어필해서 인상을 흐리는 것보다, 면접관에게 강렬한 인상 하나를 남기면 수백 명 혹은 수천 명이나 되는 라이벌 속에서 살아남을 수 있다.

"저 지원자는 토마토 마니아네.", "저 사람은 4D 프린터 이야기만 하고 가네." 등 기호 자체에 '놀라움'이 있는 것이 가장 좋다. 그러나 그렇게 할 수 없다면 면접이 끝날쯤에는 세계일주 면접관이 자신을 '기호성이 있는 특별한 존재'로 느낄 수 있도록 면접에 임하는 것이 중요하다.

면접을 볼 때에는 누구에게 빙의하는 것이 가장 좋을까.

‘면접관’

당연히 면접관에게 빙의하는 것이 가장 효과적이다. 면접관 중
에는 바쁜 업무 틈에 짬을 내서 면접에 참석하는 사람도 있다. 우
리가 면접관이라면 지원자가 어떠한 말을 해야 면접에 참석한 보
람을 느낄 수 있을까?

‘내가 모르는 이야기를 들었을 때’

바쁜 업무 틈에도 짬을 내어 면접을 보러 온 면접관은 자신이 몰
랐던 이야기를 들었을 때 보람을 느낄 것이다. 한편으로 이런 이야
기를 하면 자살행위가 된다.

‘광고 기업 면접관에게 전하는 마케팅 이야기’

면접은 상대방의 홈그라운드에서 경기를 펼치는 행동과 같다.
광고 기업 면접관에게 마케팅 이야기를 하는 행동은 아마추어가

140

프로에게 도전하는 격이 되기 때문에 면접관은 시시하게만 생각한
다. 동시에 이러한 말도 자살행위가 된다.

'출판사 사람에게 전하는 출판계의 미래'
'방송국 사람에게 전하는 방송 기획'

면접관은 바쁜 시간을 할애하면서까지 면접을 보러 왔는데 이미
다 아는 이야기를 들어야만 한다면, 설령 지원자 앞에서는 웃는 얼
굴로 이야기를 들어줄지라도 속으로는 분명히 지루해 할 것이다.
그리고 그 지원자에게 흥미를 잃을 것이다. 그러면 이러한 이야기
는 어떨까?

'여대생 사이에서 화제가 되고 있는 도서 어플리케이션'
'모든 취업 준비생이 읽은 비즈니스 도서'
'대학에서 유행하고 있는 SNS 만화'

이 이야기라면 면접관도 관심을 갖고 이야기를 들을 것이다.
즉 면접관에게 빙의해서 그 사람이 흥미를 갖고 들을 이야기가
무엇인지, 면접관이 모르는 화제가 무엇인지 생각하면 '놀라움'을
주는 면접을 볼 수 있다.

3. '4대 욕구 채우기 기술'을 사용해서 좋은 인상을 남기는 면접을 보자

입사지원서 부분에서 사용한 '4대 욕구 채우기 기술'은 면접에서도 유용하게 작용한다. 여기에서는 식욕, 수면욕, 성욕, 인정욕 중에서 '인정욕'을 사용해 면접에서 좋은 인상을 남기는 아이디어를 사고해 보자.

"면접이란 무엇인가?"라고 물으면 우리는 어떠한 대답을 할 수 있을까?

'나를 어필하는 곳'

이렇게 대답할지도 모른다. 틀린 답은 아니지만, 취업 공부를 많이 한 학생은 이렇게 대답할 것이다.

'대화의 장소'

이 두 대답의 차이는 무엇일까?

'일방통행과 양방통행'

면접이란 지원자의 이야기를 들어주는 곳이 아니다. 사회인으로서 대화 기술을 측정하는 곳이다.

즉 친구들과의 대화, 애인과의 대화, 동아리 동기들과의 대화처럼 자신만 만족하는 대화를 해서는 안 된다. 면접관을 기분 좋게 만드는 면접이 좋은 면접이라고 할 수 있다.

그러면 면접관을 기쁘게 해주는 말은 무엇일까?

'인정욕'을 어필해라

면접을 치르는 기업의 모토에 대해서, 비전에 대해서, 그리고 그것들과 자신의 공통점에 대해서 어필하는 것이다. 이 방법은 자신을 어필하면서 기업을 칭찬한다는 양방통행의 기술이다. 양방통행의 기술을 사용해서, 자신을 채용하는 것이 얼마나 당연한 일인지 본능에 호소해야 한다.

면접관 개인의 '인정욕'에 어필하는 방법도 효과적이다. 면접관이 어느 부서에 소속된 사람인지 알 수 있으면 그 부서의 훌륭한 정책과 성과를 인정해 주는 것이고, 소속된 부서를 알 수 없다면 면접관의 의상이나 액세서리를 칭찬하는 방법도 효과적이다.

'면접이란 상대방의 인정 욕구를 채워주면서, 자신을 어필하는 행위이다.'

이 말을 기억해 두길 바란다.

연애 편

솔로 탈출부터 프러포즈까지
성공하는 사고 기술

사람은 누구나 연애에 실패한 경험이 있다.

'고백을 망설이고 있는 동안에 상대방이 다른 이성과 사귀어버렸다.'

'첫 번째 데이트 이후 애프터 신청을 했지만 거절당했다.'

'결혼 후 대화가 통하지 않아 이혼하게 되었다.'

지금까지 연애를 하면서 이러한 경험을 한 사람은 많이 있을 것이다.

"무슨 소리야! 난 연애에 실패한 적이 한 번도 없는 연애 박사라고."

이렇게 이야기하는 사람도 있을 테지만, 대부분의 사람들이 연애의 쓴 맛을 경험한 기억을 가지고 있다. 연애가 잘되지 않았을 때에는 이렇게 생각하는 사람도 있다.

"연애에도 공식이 있으면 얼마나 좋을까."

연애는 어렵다. 그 이유는 100퍼센트 정답이 없기 때문이다. 그러나 이러한 공식을 알고 있다면 어떻게 될까?

'여성과 데이트할 때에는 상대방의 이름을 부르면서 말해야 한다.'
'남성과 데이트할 때에는 하루에 한 번씩 "대단해.", "멋있어." 라는 말을 사용해야 한다.'

'공식에 집착하면 안 된다.'고 생각할지도 모르지만, 이 공식을 아는 사람과 모르는 사람 중에 누가 이성에게 호감을 줄 수 있을까?

이 책은 '연애 입문서'도 '인기의 비결을 알려주는 책'도 아니다. 또한 나는 연애 전문가도 심리학자도 아니기 때문에 연애에 대해서 이야기하는 것이 조금은 주제넘게 들릴지도 모른다.
그러나 연애할 때에도 아이디어가 필요한 순간이 있다. 이 '11가지 사고 공식'은 그러한 순간에도 빛을 발휘한다.

◉ **유형 1. 호감 있는 이성에게 자신을 어필하는 아이디어**

이 '주제'는 연애에 있어서 가장 큰 고민이 아닐까 싶다.

주제 — '호감 있는 이성에게 자신을 어필하는 아이디어'

여기서 사용하는 공식은 '반의어 붙이기 기술', '한정의 기술', '키워드 접목 기술'이다.

1. '반의어 붙이기 기술'을 사용해서 이성에게 자신을 어필하자

'반의어 붙이기 기술'이란 '"주제"와 정반대의 물건, 내용, 사람을 적은 후 "주제"에 붙이는' 기술이다.

연애에 있어서 반의어 즉 대립되는 존재가 무엇이냐고 물으면 사람들은 '상대방이 좋아하는 이성'을 머리에 떠올릴 것이다. 그러나 꼭 그것만이 반의어가 되지는 않는다. 불량청소년과 대립되는 존재가 경찰과 선도부장 그리고 귀여운 어린아이인 것처럼 말이다.

이 '주제'에 대한 반의어를 이렇게 정의해 보자. 여기서는 남성 중심으로 생각해 보겠다.

'여성의 시간을 빼앗는 것'

이렇게 생각했을 때 반의어는 넘쳐난다.

'여성이 일하는 시간'
'여성이 취미활동으로 등산하는 시간'
'여성이 스마트폰을 하는 시간'

이것들을 '주제'에 붙여서 사고해 보자.

'여성의 회사와 자신의 회사가 공동으로 작업할 수 있는 프로젝트를 만든다.'
'아웃도어에 대한 블로그를 만들어서 여성을 취재한다.'
'여성이 스마트폰으로 하고 있는 게임을 시작해서 정보를 교환한다.'

어필이라고 하면 전화를 걸거나 문자를 보내는 등 오로지 데이트 신청을 하는 이미지만 떠올리기 쉽다. 그러나 '반의어 붙이기 기술'을 사용해서 대립되는 존재를 다르게 정의하면, 호감 있는 이성이 바쁘고 취미가 많을수록 자신을 어필하는 아이디어를 많이 찾을 수 있다.
연애는 실행도 중요하다. 그렇기 때문에 아이디어를 찾았다면 다음은 행동으로 옮기면 된다.

2. '한정의 기술'을 사용해서 이성에게 자신을 어필하자

다음은 여성의 시점에서 사고해 보자. 여성이 자신을 어필할 때에 결코 하지 말아야 하는 말이 있다. "이 남자 집요하게 달라붙으니까 오늘만 남자친구인 척하자."라는 드라마에나 나올 법한 말이나, "좋은 사람이 있으면 연애를 하고 싶지만, 좀처럼 좋은 사람을 찾기 힘들다."라는 틀에 박힌 말은 피해야 한다.

'한정의 기술'을 사용하면 이성에게 효과적으로 어필하는 방법을 사고할 수 있다. 중요한 것은 남자에게 부여하는 가치이다. 호감 있는 남성이 우리에게 관심이 없다는 가정 하에, 그 사람과 데이트를 해야만 하는 이유를 '한정의 기술'로 생각해 보자.

상황을 한정하면 이러한 생각을 할 수 있다.

'영화 커플 할인'
'레스토랑 50% 할인'

'저렴하게 영화를 보자.'고 하면 좋아하는 남성과 부담 없이 같이 영화를 볼 수 있고, 평소의 반 가격으로 고급 레스토랑을 즐길 수 있다고 말하면 남자도 기쁜 마음으로 같이 밥을 먹으러 갈 것이다. 설령 이전까지는 남성에게 아무 존재감 없는 사람이었다고 해도 이처럼 가치를 부여하면 자신의 존재를 인식시킬 수 있고, 또한 시간을 같이 공유하면 공유할수록 틀림없이 어필도 많이 할 수 있게 된다.

시기를 한정하는 방법도 효과적이다.

'매년 같이 벚꽃을 보러 간다'
'매달 각자의 월급날에 같이 술을 마신다'

일정한 시기에 일정한 습관을 정해 놓음으로써 남자와 만나야 하는 이유를 만드는 방법이다.

'사귀는 사람이니까 만난다.' 가 아니라 **'벚꽃을 보기 위해 만난다.'** 처럼 특정한 이유를 만들면 좋아하는 이성과 데이트하는 장벽은 매우 낮아진다.

이 방법은 좋아하는 이성과 시간을 공유하면서 서서히 자신을 어필하는 기술이다. 또한 충격 요법과 비슷한 기술로, 어느 날 '습관을 부수는' 행동으로 남성에게 상실감을 주어서 우리의 존재를 다시 생각하게 만드는 계기를 주는 방법도 사고할 수 있다.

'우리의 존재를 의도적으로 한정해서 소중한 존재로 어필하자.'

이 방법을 시도해 보면 좋을 것이다.

3. '키워드 접목 기술'을 사용해서 이성에게 자신을 어필하자

비즈니스 편에서도 등장한 '키워드 접목 기술'은 연애에서도 그 효과를 발휘한다.

유행하고 있는 키워드를 사용해서 자신을 효과적으로 어필하는 방법을 남성 시점에서 생각해 보겠다. 우선 최근에 유행한 키워드를 꼽아 보자.

- 고속철도
- 『미움받을 용기』
- 더치커피

이것들을 '여성에게 어필한다.'는 '주제'에 접목시켜 보자.

'새로 개통한 고속철도를 타고 TV에 나온 맛집을 찾아 간다.'
'『미움받을 용기』를 빌려준다.'
'데이트할 때에 더치커피를 가지고 간다.'

어떠한가. "어디라도 좋으니까 당일치기로 여행 가자."고 말하면 호감도가 떨어지지만, "최근에 개통한 고속철도를 타고 맛집에 가자."고 하면 요즘 화제로 떠오르는 열차이기 때문에 꼭 한번 타보고 싶다는 마음에 호감도도 올라갈 것이다.

또한 '책을 빌려준다.'는 행동은, 당연한 이야기이지만, 좋아하는 여성과 한 번 더 만나는 좋은 기회를 만들 수 있다. 만약 여성이 책을 그다지 좋아하지 않는다면 책의 좋은 구절만 간추려서 '10분 만에 읽는 『미움받을 용기』'를 만든 후 빌려주는 방법을 생각할 수도 있다. 그리고 이 방법은 '책을 좋아하는 사람', '친절한 사람', '아이디어가 뛰어난 사람'이라는 어필로 이어진다.

데이트할 때에 더치커피를 가지고 나가면 어떻게 될까? 아무것도 없이 시작하는 데이트와 화제가 되고 있는 커피를 들고 시작하는 데이트는 그 출발점이 확연하게 다르다. "너를 위해 일부러 준비했다."는 마음도 여성에게 전할 수 있기 때문에 호감도는 충분히 올라간다.

'키워드 접목 기술'로 사고한 아이디어가 아래와 같다면 어떻게 될까?

- 일반 열차를 타고 떠나는 1박 2일 여행
- 자신이 좋아하는 마니아 소설을 빌려준다
- 데이트할 때에 캔 커피를 가지고 나간다

단숨에 호감도가 낮아지는 아이디어가 되어버렸다. 이러한 아이디어는 자신을 어필하기는커녕 오히려 비호감이 될 가능성이 크다. 비슷한 아이디어이지만, 유행하고 있는 키워드와 접목시키는 것이 훨씬 효과적이라는 사실을 여기서 알 수 있다.

'키워드 접목 기술'은 유행 시기가 지나면 오히려 역효과를 불러일으키기 때문에 요즘 유행하는 것이 무엇인지 항상 확인하고 접목할 키워드를 새롭게 조합해야 한다.

⊙ 유형 2. 일생일대의 프러포즈를 하기 위한 아이디어

여성은 프러포즈에 대해서 "조용히 집에서 받고 싶다.", "많은 사람들이 축복해 주는 가운데서 받고 싶다." 등 각자가 생각하는 이상향이 있다. 또한 최근에는 여성뿐만 아니라 특별한 프러포즈를 계획하는 남성도 많이 늘어났다.

그러나 가장 하지 말아야 할 프러포즈가 있다. 그것은 바로 '자신만 만족하는' 프러포즈이다. 집에서 조용히 프러포즈를 받고 싶어 하는 여성에게 지나가는 사람이 3천 명이나 있는 역 앞에서 이벤트를 한다면 어떻게 될까. 분명 그 프러포즈는 거절당할 것이다.

주제 — '일생일대의 프러포즈를 하기 위한 아이디어'

여기서 사용하는 공식은 '상식 ⇒ 비상식의 기술', '순서 바꾸기 기술', '뚜렷한 동기 기술' 이다.

1. '상식 ⇒ 비상식의 기술' 을 사용해서 일생일대의 프러포즈를 하자

'상식 ⇒ 비상식의 기술' 을 일생일대의 프러포즈에 응용해 보자. 우선은 프러포즈의 상식을 적어 보자.

- 낭만적인 장소
- 무릎을 꿇고 여자를 올려다보는 자세
- 직접 전하는 감동적인 말

그러면 이것을 비상식으로 바꾸어 보자.

- **분식집**
- **열기구 위에서 여자를 내려다보는 자세**
- **폭죽에 적은 메시지**

분식집에서 하는 프러포즈도 멋진 아이디어이다. 일반적으로 프러포즈라고 하면 낭만적인 장소가 떠오르지만 '절대로 프러포즈하지 않을 것 같은 장소’에서 하는 프러포즈는 ‘놀라움’을 자아내기 때문에 매우 효과적인 방법이 된다.

‘열기구에서 여자를 내려다보는 프러포즈’와 ‘폭죽에 메시지를 적는 프러포즈’는 다소 비용이 들지는 몰라도 ‘놀라움’이 있는 일생일대의 프러포즈인 것만은 확실하다.

이렇듯 인터넷에서 본 ‘프러포즈의 정석’이라는 상식에 의문을 품고, 정석대로가 아닌 그 반대를 생각하면 프러포즈에 대한 참신한 아이디어가 태어난다.

여기서 주의해야 할 점은 여성의 취향이다. ‘상식 ⇒ 비상식의 기술’의 대상은 ‘일반적인 상식’이지 ‘여성의 상식’이 아니다. 그렇기 때문에 ‘프러포즈의 취향’을 사전조사해서 ‘헛다리’ 짚는 일이 없도록 주의해야 한다.

2. ‘순서 바꾸기 기술’을 사용해서 일생일대의 프러포즈를 하자

‘순서 바꾸기 기술’도 일생일대의 프러포즈를 사고할 때 유용하게 작용한다.

모든 장르의 ‘주제’가 그러하지만, 순서가 명확하게 정해져 있는 것일수록, 모든 사람들이 “이 ‘주제’의 순서는 이거다.”하고 상식적으로 생각하는 것일수록, ‘순서 바꾸기 기술’을 사용해서 그

상식을 무너트리면 '놀라움' 은 더욱더 커진다. 앞에서 보았던 드라마 구성의 상식과 이탈리아 코스 요리의 상식처럼 말이다.

결혼도 그 진행 과정이 어느 정도 정해져 있기 때문에 '순서 바꾸기 기술' 을 사용하면 '놀라움' 을 줄 수가 있다.

'일생일대의 프러포즈' 를 사고하는 데에 있어서 우선은 결혼하기까지의 모든 과정을 나열해 보겠다.

1. 프러포즈
2. 상견례
3. 결혼식
4. 신혼여행

'순서 바꾸기 기술' 을 사용하면 이러한 사고를 할 수 있다.

'1. 프러포즈, 상견례, 결혼식, 신혼여행'

즉 '4가지를 동시에 진행' 하는 방법이다. 구체적인 방법은 아래와 같다.

'프러포즈를 받아들인 시점에서'
'미리 초대한 양가 어르신과 예약한 장소에서 결혼식을 올린

후'

'주차장에 마련된 리무진을 타고 신혼여행을 떠난다.'

초고속 프러포즈이지만, 여성에게는 확실히 '놀라움'을 줄 수 있다. 여성은 깜짝 놀라 말을 잇지 못할 테고, 평생 기억에 남는 '일생일대의 프러포즈'가 될 것이다.

그러나 이 방법을 실제 행동으로 옮길 때에는 여성의 스케줄을 잘 살펴보아야 한다. 그렇기 때문에 여성의 주변 사람들과 충분히 상의하면서 준비한 후에 실행에 옮기도록 하자.

'상식의 틀을 깨면 사람들에게 놀라움을 줄 수 있다.'

이 말을 기억해 두길 바란다.

3. '뚜렷한 동기 기술'을 사용해서 일생일대의 프러포즈를 하자

마지막으로 사용할 기술은 '뚜렷한 동기 기술'이다. '프러포즈'라는 '주제'에 뚜렷한 동기를 부여하면 이러한 아이디어가 탄생한다.

● '동물' 프러포즈

- '어린아이' 프러포즈
- '교복' 프러포즈
- '섹시' 프러포즈
- '공포' 프러포즈

(프러포즈와 결혼식은 '주제'를 위해 충분히 시간을 들이자.)

만약 여성이 프러포즈를 한다면 '교복 프러포즈', '섹시 프러포즈'가 효과적일 것이다.

그러나 프러포즈는 주로 남성이 준비한다. 프러포즈를 남성 시점에서 보면 '동물 프러포즈', '공포 프러포즈'가 좋을 것이다.

'백마 탄 프러포즈'
'유령의 집 프러포즈'

이러한 프러포즈는 어떨까. '백마 탄 프러포즈'는 남자가 왕자 복장을 하고 등장하면 더욱더 효과적일 것이다. "백마 탄 왕자님이 오셨다."며 여성도 재미있어 할 테니까 말이다.

'유령의 집 프러포즈'도 '놀라움'이라는 점에서는 뒤지지 않는 아이디어이다. 여성을 유령의 집으로 부른 후 머리에 도끼가 찔린 모습을 한 남성이 피를 흘리면서 프러포즈를 하는 것이다. 여성이 프러포즈를 받아들이면 모든 유령들(친구들)이 등장한다는 시나리오이다.

이것도 평생 기억에 남을 프러포즈가 될 것이다.

조금은 엉뚱한 아이디어이지만, '놀라움'과 '참신함'이 있는 일생일대의 프러포즈에 대해서 사고해 보았다.
프러포즈는 인생 최대의 이벤트이다. 그렇기 때문에 다양한 방향으로 사고하고, 결정한 방향에 대해서는 사고와 검증을 더욱더 철저히 해야 한다. 프러포즈의 실행을 면밀하게 계획한 후 행동으로 옮기길 바란다.

연애는 눈먼 이성이다.
답답할 때에는 공식을 사용하자

제4장

사고의 힘을 더욱더 높여주는 습관의 기술

아이디어라는 것은 변덕이 심해서 봇물 터지듯이 쏟아지는 날이 있
는가 하면, 반대로 가뭄에 말라버린 냇물처럼 조금도 나오지 않는
날도 있다. 그러나 '11가지 사고 공식'을 사용하면 컨디션이 좋지
않아 머리가 무거운 날에도 간단하게 사고할 수가 있다.
하지만 사고는 기계가 아니라 인간이 하는 행동이다. 그렇기 때문
에 사고에 고전하는 날도 있다. 누구라도, 언제라도 간단하게 사고
할 수 있는 '11가지 사고 공식'을 사용해도 좀처럼 아이디어가 나오
지 않는 날이 있을지도 모른다.

그러한 상황을 대비해서, 4장에서는 더욱더 큰 구조선을 준비했다.
'11가지 사고 공식' 이외에 사고를 돕는 습관에 관한 이야기이다.
여기서 말한 5가지의 습관을 실천해서 한층 업그레이드된 사고의
달인이 되어 보자.

‘좋아하는 영화 제목을 말하시오.’

이러한 질문을 받았다고 하자. 우리는 어떤 영화 제목을 말할 수 있을까?

나는 대학 때부터 좋아한 영화인 『빽 투 더 퓨쳐』라고 대답할 것이다.

‘그 영화를 좋아하는 이유를 말하시오.’

다음에는 이러한 질문을 받았다고 하자. 각자 자신이 좋아하는 영화로 생각해 보자.

『스타워즈』, 『007』, 『쥬라기 공원』 등. 그 영화를 좋아하는 이유가 무엇인가?

내가 『빽 투 더 퓨쳐』를 좋아하는 이유는 다음과 같다.

'슈퍼카와 타임머신, 내가 좋아할만한 뚜렷한 동기가 2가지 있기 때문이다.'

엄밀하게 말하면 뛰어난 줄거리와 최고의 배우들, 그 이외에도 『빽 투 더 퓨쳐』를 좋아하는 이유는 몇 가지 더 있지만, '이해하기 쉽게 설명' 하라고 하면, "뚜렷한 동기가 2가지 있기 때문이다."고 대답할 수 있다.

『빽 투 더 퓨쳐』를 좋아하는 사람 중에는 나처럼 "타임머신을 좋아한다.", "슈퍼카를 좋아한다."는 이유를 말하는 사람도 있지만, "마이클 J. 폭스를 좋아한다.", "공상과학영화를 좋아한다.", "영화음악이 좋다." 등 다른 이유를 가진 사람도 있을 것이다.

이유는 무엇이라도 상관없다. 그러나 여기서 중요한 것이 있다.

'좋아하는 이유를 설명하는 습관을 가져라.'

'아무 이유 없이' 좋아하고 싫어한다고 결론짓지 말고, 모든 일에 이유를 붙이는 습관을 들여야 한다. 그 습관은 사고의 기술을 높이는 중요한 훈련이 되기 때문이다.

아이디어는 '직관'이라고 생각되기 쉽지만, 실제로는 논리적인 것이다. 일상에서 사고의 이치를 따지는 훈련을 하거나, 결과에서 이유를 끌어내는 훈련을 해두어야만 한다. 그래야 어떠한 '주제'를 가지고 사고할 때에 보다 다양한 방향으로 사고할 수가 있다.

오늘부터 우리가 좋아하고 싫어하는 것에 대해서 반드시 그 이유를 생각하는 습관을 들이자.

'좋아하는 이유가 무엇인가?'
'싫어하는 이유가 무엇인가?'

아무리 하찮은 것이라도 좋다, '우리가 가장 잘 아는 것'을 만들자

'올라운드 플레이어'라는 말이 있다. 야구를 예로 들면 공격과 수비 그리고 주력을 다 갖춘 선수를 말한다.

비즈니스로 말하면 영업도 하고 마케팅도 하고, 기획과 디자인까지 할 수 있는 사람을 들을 수 있다.

즉 운동경기나 비즈니스에서 결과의 승패를 좌우할 만큼 모든 기술에 뛰어난 사람을 '올라운드 플레이어'라고 부른다.

'올라운드 플레이어'는 업계와 직종을 떠나 모든 사람들이 목표로 삼아야만 하는 이상향이다. 그러나 다음과 같은 사항을 잊어서는 안 된다.

'올라운드 플레이어는 처음부터 만들어지지 않는다.'

혹시 『슬램덩크』라는 만화를 알고 있는가?

전 세계에서 1억 2천만 부 이상을 판매한 인기 농구 만화이다. 그중에 주인공의 최강 라이벌로 등장하는 인물이 있다. 바로 산왕 공업고등학교의 신현철이라는 선수가 있다. 그는 고교 최고 센터이면서 가드와 포워드도 일류인 더할 나위 없는 올라운드 플레이어이다.

그러나 『슬램덩크』에는 신현철은 처음부터 올라운드 플레이어가 아니었다는 이야기가 나온다. 고등학교 입학할 당시 그의 키는 165센티미터였지만 1년에 25센티미터가 자랐다고 한다. 키가 자라면서 포지션이 점점 바뀌었고, 그때마다 그는 피나는 노력을 했다. 그것이 신현철을 전국 고교 최강의 센터로 만들었다는 기사를 읽는 장면이 나온다.

야구에서 트리플 스리를 달성한 선수도 마찬가지이다. 물론 선천적으로 좋은 운동신경과 스피드를 갖춘 선수도 있을 것이다. 그러나 끊임없는 노력과, 그렇게 해서 얻은 기술과 힘이 있어야 올라운드 플레이어가 될 수 있다.

즉 이러한 것이다.

'누구에게도 지지 않을 무언가가 있어야 비로소 새로운 기술을 터득할 수가 있다.'

나도 지금은 크리에이티브 디렉터로서 크리에이티브 디렉션, 아트 디렉션, CM 디렉션, 카피 디렉션, 콘텐츠 편집장 등 일반적으로 많은 사람이 해야 하는 업무를 혼자서 진행하고 있다.

그러나 그 기술의 원천은 모두 '언어'에 있다.

언어를 연구하고 연구해서 '강렬한 언어를 만드는 힘'을 습관화하자 다른 기술을 터득할 수 있었다. '언어의 힘'이 있기 때문에 갈피를 잡지 못할 때에나 누군가에게 질 것 같을 때 '가장 강력한 무기'인 언어를 꺼내들면 누구에게도 지지 않을 힘이 생긴다.

많은 분야를 어설프게 알면 이러한 힘은 생기지 않는다. 한 가지 기술만으로는 상대방을 이기지 못하고, 의지할 것이 없어서 어쩐지 불안해져 버릴지도 모른다.

'많은 것을 알지는 못하지만, 포켓몬스터에 대해서는 누구보다 자세히 알고 있다.'

그러나 이러한 사람이 반드시 뛰어난 아이디어를 낸다.

'아무리 하찮은 것이라도 좋다. "자신이 가장 잘 아는 것"을 만들어라.'

이 말을 의식하자.

모든 질문에
'즉시 대답'하는 습관을 갖자

1장에서도 말했듯이 아이디어는 언뜻 보면 '양보다 질'이라고 생각되기 쉽지만, 실제로는 '질보다 양'이다. 엄밀하게 말하면 이렇다.

'양이 질을 낳는다.'

아이디어의 정답은 아무도 알지 못한다. 그래서 많은 양의 아이디어를 내야만 한다. 아이디어를 생각해낸 양이 많으면 많을수록 그중에 정답(질)이 숨어 있을 가능성이 높기 때문이다.

그리고 많은 양을 낳기 위해 필요한 것이 있다.

'즉답력'

‘즉시 대답’ 한다는 것은 어떠한 주제에 대해서라도 곧바로 아이디어를 내는 힘을 의미한다. 그렇기 때문에 즉답력을 훈련하면 아이디어를 생각해내는 데에 걸리는 시간이 짧아지고, 결과적으로 주어진 시간 안에 보다 많은 아이디어를 생각해낼 수가 있다.

나도 매일 ‘즉답력’ 을 의식하면서 작업을 하고 있다.

고객에게서 기획 의뢰가 왔을 때, 상품과 서비스에 대해 설명을 들으면서 사고하고, 그곳에서 곧바로 기획을 내기도 한다. 그렇게 하면 사고의 스위치가 켜지고, 현장에서 초벌 기획이 끝난 상태이기 때문에 다음 제안이 있을 때까지 끊이지 않고 다양한 방향에서 사고할 수가 있다.

즉시 대답하는 습관은 생각지도 못한 질문을 들었을 때에도 효과가 있다.

평소에 늘 사고하고 있으면 아이디어는 언제라도 나올 준비가 되어 있다. 이렇게 사고의 스위치가 켜진 상태이기 때문에 뜻밖의 질문을 받아도 임기응변으로 아이디어가 튀어나오게 된다.

질문하는 사람의 입장에서 보면, 질문을 들은 후에 고민하는 사람보다 “그 질문은 이런 의도인 거 같네요. 이러한 이유를 대면 문제없습니다.” 하고 즉시 대답하는 사람에게 더욱더 신뢰가 가고, 아이디어도 참신하게 느껴질 것이다. 또한 여러 방향에서 사고하고 검증한 후에 만들어낸 아이디어라는 느낌도 줄 수 있다.

취업에 있어서도 '즉답력'은 중요하다.

면접관 중에는 예상 가능한 질문은 피하고, 엉뚱한 질문을 하면서 지원자의 반응을 엿보는 사람도 있다. 그럴 때에 당황하지 않고 즉시 대답하는 지원자를 분명히 높게 평가할 것이다.

연애에 있어서도 마찬가지이다.

데이트 중에 돌발 상황이 발생했을 때, 당황해서 아무것도 하지 못하는 남성과 곧바로 적절한 대응을 하는 남성 중에 누가 더 매력적일까?

일상에서 즉시 대답하는 습관을 들이면 사고뿐만이 아니라 비즈니스, 취업, 연애 등 다양한 상황에서 큰 점수를 얻을 수 있다.

다른 사람의 말을
무시하는 능력을 만들자

앞에서도 말했듯이 나는 13년 동안 광고 크리에이티브 일을 해 왔다. 크리에이티브란 매일이 기획의 연속으로, 아이디어 발표의 장이라고 말할 수 있다.

광고 전략 기획, 연예 기획, CM 기획, 캐치카피 기획, 편집 기획, 완성품 기획 등 매일 어떠한 아이디어를 발표해야만 한다.

그리고 그렇게 만들어낸 아이디어에 대해서 매일 다양한 의견이 쏟아진다.

"이 연예인으로는 고객의 공감을 얻기 힘들다.", "조금 더 상품을 강조하는 캐치카피가 좋을 거 같다." 등 아이디어를 본 여러 입장과 여러 사람들에게서 다양한 의견이 쏟아진다.

그러나 그럴 때조차도 나는 객관적으로 판단하려고 한다.

고객이 하는 말이 옳다고 생각되면 그대로 진행하고, 틀리다고 생각되면 절대로 내 뜻을 굽히지 않는다.

'자신이 옳다고 생각한 것 이외에는 무시해라.'

그러나 무시하는 이유는 꼭 설명해야만 한다. 왜 무시를 하는지 고객이 이해할 수 있도록 설명하지 못하는 사람은 무시할 자격이 없다.

가끔 "유치하다고 생각하면 어쩌지?", "재미없다는 말을 들으면 어쩌지?" 하고 남의 눈을 너무 의식한 나머지 여러 사람의 조언에 흔들리는 사람도 있다. 그러나 다른 사람의 의견만 신경 쓰다 보면 참신한 아이디어는 탄생하지 않게 된다. 또한 결과적으로 고객도 만족시키지 못하는 아이디어가 나오게 된다.

자신의 생각을 굽히고 다른 사람의 말만 들으면 아이디어가 식상해져버리기 때문이다.

'다른 사람의 말을 무시하는 능력을 가져라.'
'자신이 옳다고 생각하는 것. 그것은 무슨 일이 있어도 지켜라.'

이 두 가지 말을 명심하길 바란다.

만약 남성이 여고생을 타깃으로 한 새로운 서비스 작업을 맡게 되었다고 하자. 여고생에게 관심이 없는 남성이라면 어떻게 해야 될까?

- 윗사람에게 말해서 그 일을 거절한다
- 대충 일을 끝낸다
- 여고생을 철저하게 조사한다

그 분야에 대해 전혀 지식이 없는 일을 맡았을 때에는 더 많은 노력이 필요하다.

해를 거듭하면 거듭할수록 또한 경력이 쌓이면 쌓일수록 '내가 그런 것까지 생각해야 되겠어!' 라는 생각을 피해야 한다. 이럴 때 이렇게 생각하면 어떨까?

'아이디어의 종류를 늘릴 수 있는 좋은 기회'

전혀 알지 못하는 주제는 우리에게 '아이디어의 새로운 종류'를 제공한다.

여고생을 조사하면 '10대 신조어'나 '여고생에게 인기 있는 연예인', '여고생이 생각하는 이상적인 부모' 등 지금까지 알지 못했던 분야의 '다양한 아이디어'를 얻을 수 있다. 그리고 그렇게 얻은 아이디어는 분명 비즈니스, 취업, 연애 등 모든 사고에 있어서 플러스 효과를 가져다준다.

'여고생 전문 마케터'

만약 우리가 기획 담당자라면 '여고생 전문 마케터'로서 보다 폭넓게 일할 수 있고, 회사를 독립해서 여고생에게 특화된 마케팅 전문 회사를 설립할 수도 있다.

'여고생의 마음을 잘 아는 부모'

만약 가정에 여고생 자녀가 있다면 '여고생의 마음을 누구보다 잘 아는 부모'가 되기 위해서 공통된 화제로 대화를 하거나, 시장

조사라는 명목으로 딸과 데이트를 할 수도 있다.

'10대 용어를 사용하는 자사 미디어(Owned Media) 운영자'

만약 우리가 광고나 PR 담당자라면 '10대 용어를 사용하는 자사 미디어 운영자'로서 인터넷에서 화제가 되는 만화를 만들 수 있고, 자사 미디어나 소셜 미디어를 운영한 경험을 바탕으로 독립 후 컨설팅 회사를 창업할 수도 있다.

즉 우리가 모르는 분야에 탐욕을 내는 행동은 사고뿐만이 아니라, 다양한 영역에서 우리에게 플러스 효과를 가져다준다.

우리가 모르는 것은
아직 더 많이 있다

제5장

아이디어만으로
끝나지 않는다.
사고한 후에
필요한 것

앞에서는 사고하기 전, 그리고 사고하면서 중요한 것이 무엇
인지에 대해서 이야기했었다.
그러나 사고라는 것은 '아이디어만 내고 끝나는' 것이 아니
다.
5장에서는 사고한 후에 중요한 '실천' 에 대해서 설명하겠다.

'매우 참신한 아이디어' 를 사고해도 실천하지 않으면 어떻게
될까.
'아이디어를 내지 않는 것과 마찬가지이다.'

그렇다. 아이디어는 실천했을 때 비로소 의미를 가지게 된다.
'사고한 후에는 반드시 실행으로 옮긴다.'

이것이 가장 중요하다.

검증 작업을 통해
아이디어를 더욱더 확실하게 만들자

4장에서는 아이디어는 질보다 양이다, 아이디어를 가능한 많이 내는 것이 좋다, 아이디어를 많이 내면 낼수록 비즈니스, 취업, 연애 등 다양한 상황에서 플러스 효과를 얻을 수 있다고 말했다.

그러나 아이디어를 기획하고 실행할 때에는 이야기가 다르다. 그럴 때에는 양보다 정확도가 요구된다. 현실성이 검증되지 않은 아이디어를 많이 내는 것이 아니라 기술, 예산, 일정이 검증된 아이디어를 내야만 한다. 이것이 아이디어를 기획하고 실행하는 과정에 있어서 필요한 시각이다.

비즈니스에서 예산과 일정을 무시한 아이디어를 기획하고, 고객에게 그 기획을 건넨 상황을 상상해 보자.

아무리 참신한 아이디어라도 예산을 넘기고, 일정까지 지키지 못하면 두 번 다시 그 고객과 일할 수 없게 된다. 게다가 잘못하다가는 소송 제기까지 이어져서 회사가 문을 닫는 상황까지 일어날 지도 모른다.

연애에 있어서도 마찬가지이다.

아이디어는 훌륭하지만 자신의 수입을 초과한 데이트 계획을 세운다면 어떻게 될까. 한 번은 성공적인 데이트가 될지 몰라도, 계속해서 많은 비용을 들이지 않으면 결국 애인도 떠나가 버릴 것이다.

아이디어는 기획하기 전에 그리고 실행하기 전에 반드시 검증 작업을 거쳐야만 한다. 게다가 다양한 위험성을 상상하고, 매우 신중할 정도로 진중하게 검증 작업을 진행할 필요가 있다.

아이디어를 효과적으로
전달하는 회의 방법

아무리 뛰어난 사고를 했더라도, 아무리 검증을 많이 했더라도, 아이디어가 상대방에게 충분히 전달되지 않으면 모두 물거품이 되어버린다. 아이디어는 상대방에게 충분히 전달이 되었을 때 비로소 의미가 형성되기 때문이다. 그래서 아이디어 회의는 매우 중요하다.

이 장에서는 내가 13년 동안 경험한 크리에이티브 인생 속에서 터득한 '회의 기술' 3가지를 이야기하겠다.

방법 1. 사고의 과정을 정리하자

방법 2. 비유를 준비하자

방법 3. 애드리브를 활용하자

▣ 방법 1. 사고의 과정을 정리하자

사고의 과정을 정리한다는 것은 상대방에게 아이디어를 효과적으로 전달하는 가장 간단한 방법이다.

우리가 어떠한 방향으로 아이디어를 사고하고, 검증하고, 만들어냈는지 그 과정을 전달함으로써 상대방은 사고 과정과 검증 과정을 유추할 수가 있다. 이는 결과적으로 아이디어를 쉽게 이해할 수 있도록 도와준다.

또한 사고하면서 어려웠던 점이나 특별히 신경 썼던 부분을 상대방에게 전하면 그 아이디어가 몇 개의 검증을 거친 탄탄한 아이디어라는 사실을 상대방에게 보다 쉽게 증명시킬 수가 있다.

▣ 방법 2. 비유를 준비하자

이 책에서도 사고와 아이디어를 드라마나 만화에 비유해서 설명하고는 했다.

왜 그런 예를 들었을까? 그것은 **보다 이해하기 쉽게, 보다 흥미롭게 이야기하기 위해서는 '비유'가 매우 효과적**이기 때문이다.

광고 기획도 마찬가지이다. 기획을 의뢰하는 고객은 '주제' 상품을 365일 24시간 생각하고 있기 때문에 객관적인 시점으로 상품을 바라보기가 어렵다. 상품에 대한 생각이 너무 강한 나머지,

그 상품에 그다지 관심이 없는 사람, 또는 그 상품을 전혀 모르는 사람의 시각을 잃어버리는 경우가 있다.

물론 상품을 매우 사랑해서 생긴 당연한 결과일지도 모르지만, 상품 판매와 브랜딩 시각에서 보면 주관적인 시각은 우리에게 폐해를 안겨다준다.

그럴 때에 효과적인 것이 비유이다.

그 상품이 세상에 나오면 어떤 평가가 있을지, 경쟁상대로 어떠한 상품이 존재하고 있는지를 전혀 다른 시각에서 비유를 들어 설명해야 한다. 그러면 **객관적인 시각으로 상황을 바라볼 수가 있고, 기획을 의뢰한 고객의 감각과 소비자의 감각 사이에서 생기는 괴리감을 없앨 수 있다.**

물론 어설픈 비유는 상황을 오히려 악화시키기 때문에 비유를 선택할 때에는 신중할 필요가 있지만, 기획 회의 방법으로써 비유를 꼭 기억해 두길 바란다.

▣ 방법 3. 애드리브를 활용하자

나는 13년 동안 매일같이 기획을 하면서 지내고 있다. 그렇기 때문에 다른 사람이 기획 회의를 하는 모습도 수없이 많이 보아왔다. 그중에서 가장 흔하고 가장 '안타까운' 모습이 있다.

'준비한 자료를 그저 읽기만 하는 회의'

시선을 아래로 떨어트리고, 그저 자료를 읽기만 하는 회의이다. 이것은 회의라고 말할 수 없다. 자료는 회의에 참석한 사람이라면 누구나 다 읽는다. 그렇기 때문에 자료에 없는 정보를 첨가해서 회의를 진행해야 한다.

나는 기본적으로 자료만 읽는 회의를 하지 않는다. 회의 자료에 적혀 있지 않은 것, 회의실에서 느낀 것에 비유를 첨가하고, 그곳의 분위기를 읽어가면서 회의를 진행한다.

자료에 적혀 있지 않은 이야기를 하면 기획에 자신감과 여유가 생긴다.

그러면 고객은 당연히 '이 사람에게 맡겨도 좋다.'고 생각을 한다.

'기획은 애드리브가 전부다.'

이렇게 말해도 과언이 아니다.

애드리브 힘이란 경험을 쌓다 보면 습관이 된다. 일상에서 회의나 기획을 할 때에 의식적으로 애드리브를 사용하는 연습을 하자.

사고하고 좋은 아이디어를 낸 후 검증까지 모두 다 마쳤다. 그 다음에 중요한 것이 무엇일까?

'제목 붙이기'

그 다음으로 중요한 것은 바로 '제목 붙이기' 이다. 이것도 꽤 중요한 작업으로, 잘못 하면 '쓸모없는 아이디어' 가 되어 버린다.

'제목 붙이기' 에서 중요한 포인트는 4가지이다.

포인트 1. 그 제목은 아이디어를 잘 대변하는가?

포인트 2. 그 제목은 주목을 이끄는가?

포인트 3. 그 제목은 말하기 부끄럽지 않은가?

포인트 4. 그 제목은 언어의 재현성이 높은가?

이 순서대로 설명해 보겠다.

◨ 포인트 1. 그 제목은 아이디어를 잘 대변하는가?

이를테면 축구를 막 시작한 우리가 슛 차는 방법을 배웠다고 하자.

'슛 연습법'

'슛 연습법'이라는 책을 서점에서 발견한 후 구입해 집에 와서 읽기 시작했다.

그러나 그 책에는 농구 슛 연습법에 대해서만 적혀 있다면 어떠한 생각이 들까. 아무리 획기적인 연습법이 적혀 있어도, 축구를 배우는 우리에게 그 책은 전혀 가치가 없게 된다.

이 책의 제목은 이렇게 했어야 했다.

'농구 초보자용 슛 연습법'
'농구 3점 슛 연습법'

'그 제목은 아이디어를 잘 대변하는가?'

제목을 붙인 후에 다시 한 번 그 제목을 검증하고, 아이디어를 충분히 잘 대변하는 제목인지 확인하는 습관을 들여야 한다.

▣ 포인트 2. 그 제목은 주목을 이끄는가?

아이디어에는 영원히 따라다니는 숙명이 있다. 그 숙명은 바로 이것이다.

'아이디어는 눈에 보이지 않는다.'

아무리 참신한 아이디어라도 제목이 진부하면 그 가치는 반으로 줄어든다. 이를테면 우리가 이러한 제목의 책을 읽고 있다고 하자.

'사고에 대해 쓰인 책'

과연 우리는 이 책을 직접 내 손으로 선택했을까?

아니다. 친구가 추천해 주거나, TV나 인터넷 등에서 화제가 되지 않는 한 '재미없는 책', '딱딱한 책' 일거라는 생각에 그 책을 집어 들지도, 펼쳐보지도 않았을 것이다.

서점이나 인터넷 또는 버스정류장 등 1초 만에 그곳을 떠나는 사람들의 흥미를 자아내기 위해서는 주목을 이끄는 제목을 붙여야만 한다.

'그 제목은 주목을 이끄는가?'

이것을 항상 의식해야 한다. 몇 개의 제목을 사고하고, 스스로 "주목을 이끈다."고 생각되는 제목을 선택해야 한다. 그리고 다른 사람에게 제목을 보여준 후 그 반응도 살펴야 한다. 이 작업을 반드시 실행하길 바란다.

▣ 포인트 3. 그 제목은 말하기 부끄럽지 않은가?

내가 제목의 중요성을 깨달은 상징적인 일이 있었다.

2009년에 제작된 아야세 하루카 주연의 영화인 『가슴 배구단』 이야기를 친구와 나눌 때였다. 친구는 이렇게 말했다.

"영화 『가슴 배구단』을 봤는데, 티켓 창구에서 제목을 말하기가 왠지 쑥스럽더라고."

그 말을 들은 나는 깜짝 놀랐다.

확실히 주목을 이끄는 제목이고, 내용도 훌륭한 영화이다. 그러나 '극장에서 영화를 본다.'는 상황을 생각했을 때 이 제목은 꽤 손해를 줄지도 모른다.

지금은 인터넷에서 영화 티켓을 손쉽게 구입할 수 있지만, 그래도 사람들이 줄지어 선 창구에서 영화 이름을 말하고 티켓을 구입하는 경우도 많이 있다.

주변 사람들이 들어도 부끄럽지 않은 제목, 내 입으로 직접 말해도 쑥스럽지 않은 제목, 이것이 제목 붙이기 작업에 있어서 세 번째로 중요한 포인트이다.

'그 제목은 말하기 부끄럽지 않은가?'

공개된 장소에서 자신의 입으로 그 제목을 말하는 모습을 상상하면 쉽게 검증할 수가 있다. "이 제목 부끄러워서 말하지 못하겠어."라고 느껴진다면 제목을 다시 생각할 필요가 있다. 주목을 이끌고 부끄럽지 않은 제목. 이것을 의식하길 바란다.

▣ 포인트 4. 그 제목은 언어의 재현성이 높은가?

아이디어를 생각해낸 우리에게 가장 행복한 상태란 무엇일까?

'모든 사람들이 그 아이디어를 알고 있을 때'

아마 이럴 때 가장 행복할 것이다. 이를테면 '포켓몬스터' 처럼 친구도, 부모도, 외국인 친구도 모두 알고 있는, 즉 우리가 만든 아이디어를 남녀노소 모든 사람들이 알고 있을 때 우리는 행복할 것이다. 이것이 아이디어를 만들어낸 사람에게 최고의 선물이다.

그러나 '포켓몬스터'의 이름이 이러한 것이었다면 어땠을까?

'p 주 o ㅁ c ㄴ k 괴 e 물 t'

상품 자체는 같기 때문에 재미는 변하지 않는다. 이 재미있는 상품을 아직 모르는 친구들에게, 부모에게, 아이들에게 알려주고 싶다.

'하지만 어떻게 알려주어야 할까.'

왜 알려주지 못할까? 이 이름은 '재현성이 낮기' 때문이다. 재현성이 낮은 제목은 사람들에게 전달하기가 어렵다. 즉 제목의 재현성이 낮은 아이디어는 세상에 널리 퍼지지 못한다.

또 하나의 예를 들어 보자.

'2NE1'

한국과 일본에서 유명한 이 그룹을 알고 있는 사람은 '투애니

원’ 이라고 읽는다. 그러나 TV를 전혀 보지 않는 사람이나 아이돌 그룹에 관심이 없는 사람은 ‘둘엔이하나’, ‘이엔이일’ 라고 읽을지도 모른다.

그룹을 아는 사람 → 투애니원
그룹을 모르는 사람 → 둘엔이하나, 이엔이일

완전히 다른 이름이 되어 버렸다. 지금 막 우리말을 배우기 시작한 외국인 친구와 좋아하는 가수를 이야기할 때에나, 아이돌 그룹에 관심이 없는 부모와 이야기 할 때에 대화가 통하지 않아 답답함을 느낄 것이다.

‘2NE1’ 처럼 인지도가 높은 주제라면 그다지 큰 문제가 되지 않지만, 신제품 이름이나 새로운 서비스의 이름이 언어의 재현성이 낮으면 최악의 상황에 빠지게 된다.

‘그 제목은 언어의 재현성이 높은가?’

이것을 검증하기 위해서는 주변 지인이나 부모, 자녀에게 제목을 읽어보라고 꼭 부탁하길 바란다. 그리고 읽기 쉬운지, 재현성이 높은지, 전달하기 쉬운지를 확인해 보길 바란다.

좋은 사고(思考)란
좋은 아이디어와 좋은 기획,
좋은 제목을 생각해내는 것이다

이 책을 끝까지 읽어준 독자들에게 감사의 말을 전하고 싶다.

'사고하기 전에 필요한 것', '11가지 사고 공식' 의 해설, '11가지 사고 공식' 의 실천법, '사고의 힘을 더욱더 높여주는 습관', '사고한 후에 필요한 것' 이렇듯 사고에 필요한 모든 것을 최대한 자세히 그리고 최대한 쉽게 이 책에 모아 놓았다.

'사고는 재능이 아니다.'

내가 이 책을 통해서 전하고 싶었던 이 말을 충분히 이해했을 거라 확신한다.

다시 말하겠지만, 이 책에 나온 수많은 사고 기술은 비즈니스, 취업, 연애 등 다양한 상황에서 발생하는 '주제' 에 응용할 수가 있다.

사고와 아이디어로 괴로움을 느끼고 있을 때 이 책을 펼치면 분명히 도움이 될 것이다.

마지막으로 한 마디 더 덧붙이고 싶은 말이 있다.

'언젠가 이 책을 버리길 바란다.'

이 책에 적힌 사고 기술은 내가 13년이라는 방대한 시간 동안 시행착오를 반복하면서 완성한 기술이다. 이 기술은 누구라도, 어느 상황에서도 새로운 아이디어를 만들어낼 수 있는 공식이다. 그러나 반대로 생각하면 이 책에 적은 사고 기술은 니시지마 도모히로만의 기술에 지나지 않는다.

이 책을 읽은 당신이 언젠가, 진정한 의미에서, 아이디어의 위대함을 깨달았을 때 분명 이러한 생각을 하게 될 것이다.

'나만의 방법으로 산을 오르고 싶다.'

내가 '11가지 사고 공식'을 발견했을 때 온몸에 전율을 느끼며 감동했던 것처럼 말이다. 우리는 자신의 힘으로 정상에 도달해야만 한다.

'유일한 결과를 얻으려면 유일한 과정이 필요하다.'

이 말을 기억해 두길 바란다. 그리고 만약 '평생 아이디어를 만들어내는 일을 직업으로 삼고 싶은' 사람이 있다면 반드시 최고를 꿈꾸길 바란다. 누군가의 방식을 따라하면 평생 2위에 머물 뿐 결코 최고가 될 수 없다.

13년 동안 크리에이터로 지겹도록 사고를 반복하면서 내가 얻은 결론이 있다.

'아이디어보다 앞서 있는 것, 그것은 바로 나 자신이다.'

제발 나만이 할 수 있는 사고, 나만이 생각해낼 수 있는 아이디어를 만들기 바란다.

그것은 분명 우리의 세계를 바꾸어줄 것이다.

언젠가 술집에서 당신과 아이디어에 대한 이야기를 나눌 날을 꿈꾸며.

크리에이티브 디렉터
니시지마 도모히로

아이디어.

이 말만 들어도 머리가 복잡해질 것이다. 어쩌면 우리에게 아이디어는 골칫덩어리일지도 모른다.

그러나 아이디어는 특정 직종에 종사하는 사람만의 문제가 아니다. 이를테면 학생은 논술과 논문에 필요한 아이디어를, 은퇴자는 창업에 필요한 아이디어를 생각해야만 한다. 또한 쇼핑, 요리, 여행 등 일상생활에 아이디어가 요구되는 일은 많이 있다.

이렇듯 무언가 대단한 것을 생각해내는 것만이 아이디어가 아니라, 일상에서 무언가를 편하게 그리고 쉽고 빠르게 해결하는 모든 방법들이 다 아이디어라고 할 수 있다.

이처럼 우리가 골칫덩어리라고 생각했던 아이디어가 우리의 생활을 보다 편리하게 만들어주는 것만은 확실하다.

그러한 점에서 보면 이 책은 우리의 삶에 많은 도움을 준다. 이 책은 비즈니스뿐만 아니라 취업과 연애 등 다양한 상황에 필요한 사고 기술을 알려주기 때문이다.

게다가 사고 기술만 알려주고 끝나지 않는다. 다양한 상황을 예로 들면서 사고의 공식을 활용하는 방법까지 보여준다.

이 책에 나오는 사고의 공식과 사고의 기술은 전문 크리에이터가 아니라 일반인들도 어렵지 않게 접근할 수 있을 만큼 상당히 쉽고 간단한 것들이다.

그 점이 이 책의 최대 장점이 아닌가 싶다.

저자는 13년 동안 크리에이터로 지내온 경험을 바탕으로 '11가지 사고 공식'을 만들었다고 한다. 그리고 그 공식을 사용해서 다수의 광고를 만들었다. 그렇게 해서 만들어진 광고는 일본에서 큰 인기를 끌었으며, 각종 광고상을 수상했다.

'11가지 사고 공식'은 저자에게 보물과 같은 존재일 것이다.

그리고 우리도 이 공식을 잘 활용하면 우리의 삶에 꼭 필요한 보물 같은 존재가 될 것이다.

나는 이 11가지 공식 중에 특히 '부속품 붙이기 기술', '한정의 기술', '키워드 접목 기술'이 작은 일에도 큰 도움을 주는 혁신적인 공식이라고 생각한다.

꼭 크리에이티브 일을 하는 사람이 아니더라도, 무언가를 생각해야 할 때에 이 기술을 사용해 보길 바란다.

사소한 공식이지만, 분명 우리에게 많은 도움이 될 것이다.

생각의 재발견

●
초판 1쇄 발행 ‖ 2018년 5월 15일

●
지은이 ‖ 니시지마 도모히로
옮긴이 ‖ 권혜미
펴낸이 ‖ 김종호
펴낸곳 ‖ 밀라그로
 주 소 ‖ 경기도 고양시 일산동구 호수로446번길 7-4(백석동)
 전 화 ‖ 031) 907－9702, 팩 스 ‖ 031) 907－9703
이메일 ‖ milagrobook@naver.com
 등 록 ‖ 2016년 1월 20일(제2016-000019호)

●
ISBN ‖ 979-11-87732-12-9 (13320)

* 책값은 뒤표지에 있습니다.
* 잘못 만들어진 책은 구입하신 곳에서 바꾸어 드립니다.